William MacDonald

Gemeinde, wie Gott sie sieht

CLV

2. überarbeitete Auflage 2024
(Die erste Auflage erschien 2003 unter dem Titel *Höchstpreis gezahlt*)

Originaltitel: Christ's Plan For the Church
(Mitschrift von Vorträgen von William MacDonald)

Christliche Literatur-Verbreitung e.V.
Ravensberger Bleiche 6 · 33649 Bielefeld
www.clv.de

Übersetzung der 2. Auflage: Angelika Scholder
Satz: EDV- und Typoservice Dörwald, Steinhagen
Umschlag: Lucian Binder, Marienheide
Druck und Bindung: ARKA, Cieszyn, Polen

Artikel-Nr. 256424
ISBN 978-3-86699-424-9

Inhalt

Kapitel 1

Was ist Gemeinde?

Thema des vorliegenden Buches ist die neutestamentliche Gemeinde – ein Thema, das Gott sehr am Herzen liegt und unserem Herrn Jesus, der die Gemeinde geliebt und sich selbst für sie hingegeben hat (vgl. Eph 5,25), sehr wichtig ist. Auch uns sollte sie wichtig sein. Heutzutage sind viele Menschen der Ansicht, dass die Gemeinde ihren Bedürfnissen nicht gerecht wird. »Es bringt mir nichts, wenn ich in die Gemeinde gehe.« Das ist eine völlig falsche Auffassung von Gemeinde. Das, was ich in die Gemeinde investiere, bekomme ich auch zurück. Die folgenden Kapitel führen das näher aus.

»Ich ermahne euch nun, ich, der Gefangene im Herrn, dass ihr würdig wandelt der Berufung, mit der ihr berufen worden seid, mit aller Demut und Sanftmut, mit Langmut, einander ertragend in Liebe, euch befleißigend, die Einheit des Geistes zu bewahren in dem Band des Friedens. Da ist *ein* Leib und *ein* Geist, wie ihr auch berufen worden seid in *einer* Hoffnung eurer Berufung. *Ein* Herr, *ein* Glaube, *eine* Taufe, *ein* Gott und Vater aller, der über allen und durch alle und in uns allen ist.« (Eph 4,1-6)

Lasst uns als Erstes darüber nachdenken, wie wir »Gemeinde« definieren können. Definitionen sind für das Studium des Wortes Gottes sehr wichtig. Der längst verstorbene Theologe Johann Albrecht Bengel erstellte eine Liste mit zwanzig neutestamentlichen Begriffen und behauptete, wer immer diese zwanzig Begriffe definieren könne, sei auf dem besten Weg, ein guter Theologe zu werden. Seit Jahren suche ich nach dieser Liste, konnte sie bisher jedoch nicht finden.

Das im Neuen Testament verwendete Wort »Gemeinde« ist eine Übersetzung des griechischen Begriffes *ekklesia*. Das hilft uns allerdings erst dann weiter, wenn wir wissen, dass der Begriff *ekklesia* eigentlich »Versammlung« bedeutet und dass damit das Zusammentreffen von Menschen gemeint ist. Das Wort an sich ist neutral und kann auf unterschiedliche Weise verwendet werden. Je nach Übersetzung wird *ekklesia* auch mit »Kirche« wiedergegeben. Wenn wir das Wort »Kirche« hören, denken wir jedoch häufig spontan an ein Gebäude mit Kirchturm, Kanzel und Glasfenstern. Da das nicht zwangsläufig damit gemeint ist, ist es besser, stattdessen von »Gemeinde« zu sprechen. *Ekklesia* bedeutet also nichts anderes als Zusammenkunft, Versammlung.

Wie bereits erwähnt ist das Wort selbst neutral. So wird z.B. das Volk Israel während der Wüstenwanderung als Gemeinde bezeichnet. Das war keine Gemeinde in dem Sinn, wie wir das verstehen, sondern schlicht und einfach eine Ansammlung von Personen, eine Menschenmenge in der Wüste. Auch der heidnische Pöbel in Ephesus in Apostelgeschichte 19 wird als Versammlung bezeichnet. Ein etwaiger religiöser Bezug ergibt sich erst aus dem Zusammenhang. Handelt es sich z.B. um eine christliche Gemeinde, so sprechen wir von der »Versammlung Gottes« oder der »Gemeinde Jesu Christi«. In 1. Thessalonicher schreibt Paulus an die »Versammlung der Thessalonicher in Gott, dem Vater, und dem Herrn Jesus Christus«. Hier bezeichnet das Wort »Versammlung« eine Gruppe von Menschen, die sich in Thessalonich versammelt und Gott als Vater und Jesus Christus als Herrn anerkannt hat.

Nichts liegt mir ferner, als jedes Wort auf die Goldwaage zu legen. Dennoch möchte ich an dieser Stelle darauf hinweisen, dass die Frage »Gehst du in die Gemeinde?« korrekterweise mit »Nein, ich bin in der Gemeinde. Ich gehe zu einer Versammlung der Gemeinde« beantwortet werden müsste. Jeder, der gerettet ist, gehört »zur Gemeinde« und geht zu einer Veranstaltung »von der Gemeinde«.

Das Neue Testament kennt zwei Arten von Gemeinde, die »universale Gemeinde« und die »Ortsgemeinde«. Zur universalen Gemeinde gehören alle Gläubigen von Pfingsten bis zur Entrückung. Ein Großteil dieser Gemeinde ist bereits im Himmel. Menschen, die als Gläubige gestorben sind, sind im Himmel und genießen bereits jetzt die Herrlichkeiten des Herrn Jesus. Nach unserem Verständnis war Pfingsten der Geburtstag der Gemeinde. An Pfingsten wurde der Heilige Geist ausgegossen, um dauerhaft in der Gemeinde und in jedem einzelnen wahren Gläubigen zu wohnen.

Der Unterschied zwischen Israel und der Gemeinde

Die universale Gemeinde wird im Neuen Testament als »Geheimnis« bezeichnet. Das Neue Testament versteht unter einem Geheimnis allerdings etwas grundsätzlich anderes als wir. In unserem heutigen Sprachgebrauch ist ein Geheimnis etwas, was nur wenigen bekannt ist oder niemand erfahren soll. Das neue Testament hingegen spricht von einem Geheimnis, wenn es von einer bisher unbekannten Wahrheit redet, einer Wahrheit, die sich mit dem eigenen Verstand nicht erkennen lässt, die jedoch der Gemeinde durch die Apostel und Propheten offenbart wurde. Die Gemeinde selbst ist das Geheimnis. Paulus nennt sie wiederholt so. Man könnte auch sagen, Gott hatte seit allen Zeiten ein Geheimnis. Durch das ganze Alte Testament hindurch bis in die Zeit der Evangelien hinein hatte Gott eine ganz besondere Beziehung zu Israel. Nach der Verwerfung von Christus auf Golgatha beschloss Gott die Gründung einer neuen Gesellschaft – der »Gemeinde« – einer Gesellschaft mit einer himmlischen Berufung und einer himmlischen Bestimmung. Niemals zuvor in der Geschichte der Menschheit hatte es so etwas gegeben und niemals wieder wird es so etwas geben.

Wir leben heute im »Zeitalter der Gemeinde«, in dem Israel als Nation beiseitegesetzt ist. Anstelle von Israel ist die Gemeinde Gottes Volk. Erst nach der Entrückung der Gemeinde wird Gott seine Beziehung zu Israel als Nation wieder aufnehmen.

Die Gemeinde ist ein Geheimnis. Zur Zeit des Alten Testaments gab es sie noch nicht. Es hat deshalb auch keinen Sinn, im Alten Testament danach zu suchen; sie wird darin nicht erwähnt.

In Epheser 3,3-5 spricht Paulus über seinen Dienst und spricht dabei eben davon, dass die Gemeinde ein Geheimnis ist, das es im Alten Testament noch nicht gab: »… dass mir durch Offenbarung das Geheimnis kundgetan worden ist – wie ich es zuvor in kurzem beschrieben habe, woran ihr beim Lesen mein Verständnis in dem Geheimnis des Christus wahrnehmen könnt –, das in anderen Geschlechtern den Söhnen der Menschen nicht kundgetan worden ist, wie es jetzt offenbart worden ist seinen heiligen Aposteln und Propheten im Geist …«

Paulus äußert sich hier ganz eindeutig. Den Söhnen der Menschen früherer Generationen war die Wahrheit der Gemeinde verborgen, durch den Geist Gottes wurde sie den heiligen Aposteln und Propheten nun jedoch offenbart. Einige Menschen sagen zwar, sie sei bereits im Alten Testament offenbar gewesen, wenn auch nicht so deutlich »wie es jetzt offenbart worden ist«. Nach Kolosser 1,26 ist das jedoch falsch: »… das Geheimnis, das von den Zeitaltern und von den Geschlechtern her verborgen war, jetzt aber seinen Heiligen offenbart worden ist …«

Im Gegensatz zu »wie es jetzt offenbart worden ist« wird hier nichts relativiert, es heißt unmissverständlich »das Geheimnis, das … verborgen war …«.

Viele Menschen sind der Ansicht, die Gemeinde heute sei einfach eine Fortführung des Volkes Israel. Sie sprechen von einem »Kontinuum«, einer ununterbrochenen Linie. Sie behaupten, im Alten Testament sei von Israel die Rede gewesen und im Neuen Testament hätte Israel sich dann plötzlich in die Gemeinde verwandelt. Dem ist jedoch nicht so. Israel und die Gemeinde sind sehr verschiedenen voneinander. Würde jemand zu mir sagen: »Nenne mir zwei Dinge, die in besonderem Maß zum Verständnis der Bibel beitragen«, dann würde ich den Unterschied zwischen Israel und der Gemeinde als eines der beiden anführen. Viele Christen unserer Zeit glauben, dass wir das »Israel

Gottes« sind, dass alle Verheißungen des Alten Testaments uns gelten und dass Gott keinerlei Beziehung zu Israel mehr hat. Ihrer Ansicht nach hat Gott Israel für immer verworfen, deshalb gelten uns nun alle Verheißungen, die er Israel jemals gegeben hatte. Dass Israel auch eine ganze Reihe von Flüchen angekündigt wurde, übersehen sie allerdings geflissentlich.

Im Folgenden einige Unterschiede zwischen Israel und der Gemeinde:

Geheimnis: Israel ist kein Geheimnis. Das gesamte Alte Testament von 1. Mose 12 bis Maleachi berichtet über Israel. Nichts wird verborgen, nichts an Israel ist geheimnisvoll. Die Gemeinde hingegen ist, wie bereits beschrieben, ein Geheimnis, eine bis dahin unbekannte Wahrheit.

Beginn: Israel nahm seinen Anfang mit der Berufung Abrams. Die Gemeinde begann mit der Ausgießung des Heiligen Geistes an Pfingsten.

Haupt: Abraham als Stammvater Israels gilt als das Haupt Israels. Das Haupt der Gemeinde ist Christus.

Zugehörigkeit: Die Zugehörigkeit zum Volk Israel ergibt sich durch die natürliche Geburt. Jeder, durch dessen Adern wenigstens ein kleiner Teil des Blutes Abrahams floss, war Israelit. Zur Gemeinde gehört man jedoch durch die neue, geistliche Geburt. Das ist etwas völlig anderes. In Johannes 3,3 beschreibt Jesus das folgendermaßen: »Wenn jemand nicht von neuem geboren wird, so kann er das Reich Gottes nicht sehen.«

Zukünftige Hoffnung: Israel ist Gottes irdisches Volk. Das heißt nicht, dass Israel keine himmlische Hoffnung hatte. Von Abraham heißt es in Hebräer 11,10, dass er »die Stadt [erwartete], die Grundlagen hat, deren Baumeister und Schöpfer Gott ist«. Auch im Alten Testament gab es also sehr wohl eine himmlische Hoffnung, doch der Schwerpunkt der Hoffnung des Volkes Israels war Christi irdische Herrschaft, das Tausendjährige Reich des Herrn Jesus auf dieser Erde. Es gibt nur sehr wenige Stellen im Alten Testament, die eindeutig vom Leben nach dem Tod sprechen, also von der himmlischen Hoffnung. Hiob hatte diese Hoffnung, ebenso David. Alles in allem finden sich im gesamten Alten Testament jedoch weniger als zehn Stellen, die unzweideutig von der himmlischen Hoffnung des Volkes Israel sprechen. Israel war Gottes irdisches Volk. Die Gemeinde hingegen ist Gottes himmlisches Volk. Christus wird wiederkommen und seine Gemeinde zu sich nehmen, damit sie dort ist, wo er ist (vgl. Joh 14,3). »Dort«, das ist das Haus des Vaters, in dem viele Wohnungen sind. Im zukünftigen Reich Gottes wird Israel zu den Untertanen gehören, während die Gemeinde gemeinsam mit Christus über die Erde regieren wird.

Das sind nur einige Beispiele für den Unterschied, den die Schrift zwischen der Gemeinde und Israel als Nation macht.

Die universale Gemeinde

Interessanterweise gibt es nur einen Leib. Gott kennt nur eine einzige Gemeinde: die universale Gemeinde. Dieser Gemeinde gehören alle wahren Gläubigen an, alle, die Jesus Christus als ihren Herrn bekennen. Eines der wunderbaren Merkmale dieser Gemeinde ist es, dass der gläubige Jude und der gläubige Heide in Christus zu *einem* neuen Menschen gemacht sind. Viele Menschen halten die Rassentrennung in Amerika für die größte zwischenmenschliche Kluft, die es in der Geschichte der Menschheit je gab. Sie ist jedoch nichts im Vergleich zu der Kluft, die im Alten Testament zwischen Juden und Heiden bestand. Hättet Ihr einem alttestamentlichen Juden erzählt, dass er durch den Glauben an den Messias zu einem Miterben mit den Heiden würde, hätte er Euch rundheraus ausgelacht. Was für eine lachhafte Vorstellung! Niemals! Eben das ist jedoch die Botschaft des Evangeliums: Wenn ein Jude an Christus glaubt und ein Heide an Christus glaubt, dann werden sie zu *einem* neuen Menschen in Jesus Christus. Ich denke da an eine kleine Gemeinde in Haifa in Israel. Sie besteht aus bekehrten Arabern und bekehrten Juden, die gemeinsam den Messias anbeten. Das ist etwas Wunderbares! Und es ist die Lösung für alle Probleme des Nahen Ostens. Eine Lösung, die mitten in Haifa zu finden ist, die aber von Israel nicht erwünscht ist. Um es genau zu sagen: Die meisten Menschen möchten nichts davon wissen.

Wir müssen diese Tatsache des einen Leibes weitersagen. Das tun wir auch. Wir glauben, dass es nur eine einzige wahre Gemeinde gibt. Aus diesem Grund halten wir nichts von Denominationen und Konfessionsbezeichnungen. Wir mögen keine Bezeichnungen, die uns von anderen Gläubigen trennen. Wir sind der Ansicht, dass es gut ist, die Einheit des Leibes Christi zu bezeugen. Es ist interessant, sich z.B. den Ausdruck »römisch-katholisch« einmal näher anzusehen. Wisst Ihr, dass der Begriff »katholisch« eigentlich »universal« bzw. »allumfassend« bedeutet? Der Begriff »römisch« hingegen ist nicht ganz so allumfassend, im Gegenteil, er schränkt die Bedeutung des Ausdrucks ziemlich ein. Die beiden Begriffe widersprechen sich also eigentlich.

Ebenso widersprüchlich ist auch die Bezeichnung »offene Brüder« oder »geschlossene Brüder«. »Brüder« ist doch eigentlich ein herrlich umfassender Begriff. Er schließt alle Kinder Gottes ein. Sobald ihm jedoch ein Adjektiv wie »offen« oder »geschlossen« vorangestellt wird, ist er alles andere als umfassend. Wie sieht es mit »christliche Brüder« aus? Das hört sich doch gut an, sagt Ihr jetzt vielleicht! Ja, es ist auch gut, vorausgesetzt, Ihr benutzt es nicht dazu, euch von anderen Gläubigen zu unterscheiden. Es darf nicht zu einem Eigennamen werden!

Vielleicht fragt Ihr jetzt: »Was sagst du denn, wenn du gefragt wirst, was du bist?« Ich sage: »Ich bin Christ.« »Natürlich bist du Christ«, sagen sie dann. »Ich bin ein Nachfolger des Herrn Jesus.« »Klar bist du das, das sind wir alle. Aber was bist du noch?« Und sie ruhen nicht eher, als bis sie Dich in eine Schublade geschoben haben, in eine Denominationsschublade. Aber wisst Ihr, ich weigere mich, mich in eine dieser Denominationsschubladen schieben zu lassen. Sie sagen: »Wir wissen, dass ihr Brüder seid.« Dann sage ich: »Wenn ihr gläubig seid, seid ihr auch Brüder.« Mir gefällt das, was Harry Ironside sagte, als er gefragt wurde, zu welcher Denomination er gehöre. Er zitierte Psalm 119,63: »Ich bin der Genosse aller, die dich fürchten, und derer, die deine Vorschriften halten.« Das ist die richtige Einstellung. »Ich bin der Genosse aller, die dich fürchten, und derer, die deine Vorschriften halten.« Wenn die Leute versuchen, mich auf eine Denomination festzunageln, frage ich manchmal: »Welcher Denomination gehörte Paulus an?« Dann fragen sie meist nicht weiter. Wenn Ihr das Neue Testament lest, werdet Ihr feststellen, dass Paulus keiner bestimmten Gruppierung oder Konfession angehörte. Es gibt nur eine einzige Gemeinde, und das ist die Gemeinde der wahren Gläubigen, die Gemeinde all derer, die wiedergeboren sind und Jesus Christus als ihren Herrn anerkennen. Von dieser Tatsache möchten wir Zeugnis ablegen.

Keine Denomination, keine zentrale Leitung. Wo im Neuen Testament ist von einer zentralen Leitung aller Gemeinden die Rede? Nirgends, es gibt keine. Genau darin zeigt sich jedoch die Weisheit Gottes. Wenn z. B. eine totalitäre Regierung die Kirche abschaffen möchte, wie es etwa der Kommunismus versucht, dann genügt es, die Herrschaft über die zentrale Kirchenleitung zu übernehmen. Hat eine Regierung die Kontrolle über die Kirchenleitung, hat sie die Kontrolle über alle Gemeinden dieser Kirche. Die Geschichte lehrt, dass das wieder und wieder funktioniert hat: unter Hitler, im Kommunismus, usw. Die vermutlich gesündeste Gemeinschaft von Gläubigen unserer Zeit befindet sich dagegen in China. Überall in ganz China gibt es sogenannte Hausgemeinden, kleine Gruppen von Christen, die sich in Privathäusern versammeln. Sie versammeln sich in aller Stille, heimlich, im Untergrund. Die Regierung könnte sie unmöglich auslöschen. Selbst wenn es der Regierung gelänge, eine oder zwei aufzulösen, gibt es immer noch Tausende weiterer Gemeinden, die sich in gleicher Weise versammeln. Gottes Weisheit zeigt sich darin, dass es keine zentrale Führung dieser Gemeinden gibt.

Das Fehlen einer zentralen Führung verhindert jedoch nicht nur die staatliche Kontrolle, sondern auch die Verbreitung von Irrtümern. Die meisten großen Denominationen bilden ihre Prediger und Pfarrer in eigenen Ausbildungsstätten aus. Alles, was die Kräfte des Liberalismus und der Moderne und Apologetik tun müssen, ist, diese Ausbildungsstätten zu infiltrieren. Manchmal dauert es Jahre, bis sie alle Universitäten und Bibelschulen mit modernistischen Lehren unterwandert haben. Ist das erst einmal geschehen, haben sie auch die Denomination übernommen. Wie auch beim Kommunismus handelt es sich dabei um einen andauernden Kampf. Durch unabhängige Gemeinden verhindert Gott das. Auch darin sehen wir seine Weisheit.

Die Ortsgemeinde

Es gibt eine universale Gemeinde und eine Ortsgemeinde. Die Ortsgemeinde sollte ein Abbild der universalen Gemeinde sein, das heißt, sie sollte nichts tun oder sagen, was nicht in Einklang mit der universalen Gemeinde steht. Vielleicht fragt Ihr jetzt nach einer Definition von Ortsgemeinde. Das Neue Testament definiert diese nicht, zumindest nicht in Worten. Es gibt jedoch zwei Verse, die zusammengenommen eine gute Definition ergeben:

»Paulus und Timotheus, Knechte Christi Jesu, allen Heiligen in Christus Jesus, die in Philippi sind, mit den Aufsehern und Dienern …« (Phil 1,1).

Dieser Vers zeigt die Zusammensetzung einer Gemeinde: Heilige, Aufseher und Diener – nichts weiter. Die Heiligen sind diejenigen, die durch die Wiedergeburt für Gott von der Welt abgesondert wurden. Aufseher bedeutet dasselbe wie Älteste, gelegentlich werden sie auch als Bischöfe oder Presbyter bezeichnet. Ein Bischof einer heutigen kirchlichen Institution steht meist mehreren Gemeinden vor, er ist also nicht nur für eine, sondern für mehrere Gemeinden gleichzeitig verantwortlich. Im Neuen Testament ist das niemals der Fall. Bischöfe sind Älteste, und in jeder Ortsgemeinde gibt es immer mehrere Älteste. Diener, auch Diakone genannt, sind Männer, die der Gemeinde dienen. Das also sind die Personen, aus denen sich eine neutestamentliche Ortsgemeinde zusammensetzt: Heilige, Älteste, Diener.

In Apostelgeschichte 2,42 wird uns berichtet, was die Ortsgemeinde tut: »Sie verharrten aber in der Lehre der Apostel und in der Gemeinschaft, im Brechen des Brotes und in den Gebeten.«

Unter der Lehre der Apostel versteht man das, was die Bibel lehrt. Gemeinschaft bedeutet Zusammenkommen als Gläubige, sich an der Gesellschaft anderer Gläubiger erfreuen, Gemeinsamkeiten haben. Unter Brechen des Brotes bzw. Brotbrechen versteht man die Teilnahme am Abendmahl, und schließlich gehört natürlich auch das Gebet dazu.

Liest man nun diesen Vers zusammen mit Philipper 1,1, dann wird klar, was eine Ortsgemeinde ist:

eine Versammlung, die aus Heiligen, Ältesten und Diakonen besteht und die sich versammelt, um Gottes Wort zu hören und daraus zu lernen, um Gemeinschaft zu haben, um miteinander das Brot zu brechen und zu beten. Eigentlich ganz einfach. Die Gemeinde wurde auch einmal als »eine Gruppe von Niemanden, die sich zur Verherrlichung von jemandem treffen« oder als »Gemeinschaft erlöster Sünder« bezeichnet.

Was ist eine Gemeinde *nicht*? Sie ist kein Vergnügungsort. Gott hat sie nicht erdacht, um seine Leute zu amüsieren. Amüsieren kommt aus dem Französischen und bedeutet »belustigen«, »mit leeren Versprechungen abspeisen«. Das ist genau das, was die Welt tut: Sie belustigt die Leute auf dem Weg zur Hölle und speist sie mit leeren Versprechungen ab. Hört, was Leighton Ford sagt: »Es war nicht die Absicht Jesu, dass seine Gemeinde einem größeren und gehobenerem Publikum größere und bessere Vergnügungen bieten sollte. Seine Vision war eine Gemeinde, die einer finsteren und sterbenden Welt sein Licht und Leben bringen würde.« Wir tun gut daran, Jesu Vision ernst zu nehmen, sonst amüsieren wir nicht nur uns selbst zu Tode, sondern auch die Welt zur Hölle. Die Gemeinde war niemals zum Vergnügen gedacht.

Ebenso wenig darf die Leitung einer Gemeinde gemäß den Prinzipien der Geschäftswelt erfolgen. In den vergangenen Jahren wurde sehr viel darüber geredet, dass die heute üblichen Marketingkonzepte auch auf die Gemeinde angewendet werden sollten. Viele der heute in der Welt gängigen Strategien wurden in die Gemeinde hineingetragen. Das geht völlig an Gottes Absicht mit der Gemeinde vorbei. Die Gemeinde ist eine geistliche Versammlung und muss nach geistlichen Grundsätzen geleitet werden.

Wie bereits gesagt sollte eine Ortsgemeinde ein Abbild der universalen Gemeinde sein. Die Welt soll eine Ortsgemeinde anschauen können und sagen: »So geht es in der universalen Gemeinde zu.« Niemals darf eine Ortsgemeinde etwas tun oder sagen, was nicht in Einklang mit der Wahrheit der universalen Gemeinde steht.

Im Neuen Testament ist jede Gemeinde autonom, also eigenständig bezüglich Leitung und Entscheidungen. Sie ist vollkommen unabhängig. Sie ist nicht nur autonom in Bezug auf die Entscheidungen, die sie trifft, sie kommt auch selbst für die eigenen Kosten auf und ist für ihr Wachstum selbst verantwortlich. Das muss ganz klar betont werden: Jede Ortsgemeinde trifft ihre Entscheidungen unabhängig von anderen Gemeinden, sie finanziert sich selbst und sie ist für ihr Wachstum selbst verantwortlich. Das 1. Kapitel der Offenbarung zeigt uns Jesus inmitten von sieben Gemeinden. Nichts steht zwischen ihm und den Gemeinden; weder ein Mittelsmann noch eine vermittelnde Organisation ist dazwischengeschaltet. Alle Gemeinden sind ihm direkt verantwortlich. So war es in der Urgemeinde, z. B. in Thessalonich, und so hat Gott es für alle Gemeinden geplant. Jede Gemeinde sollte also unabhängig sein, ihre eigenen Ältesten haben und durch Evangelisieren selbst dafür sorgen, dass sie wächst. Und sie sollte sich selbst finanzieren und Jesus Christus direkt verantwortlich sein.

Das Neue Testament zeigt aber auch, dass es bei aller Eigenständigkeit einer Gemeinde eine Gemeinschaft der

Gemeinden untereinander gibt. Wir nehmen andere Gläubige wahr und schließen uns ihnen an, soweit es mit unserer Erkenntnis des Wortes Gottes vereinbar ist. Ich freue mich immer, wenn ich andere wahre Gläubige treffe. Und ich freue mich, wenn ich auf andere christliche Gemeinden stoße. Das bedeutet nicht, dass ich alles tun kann, was sie tun. Meine Aufgabe ist es, dem Wort Gottes treu zu sein.

Bei der Beurteilung einer Gemeinde kommt es nicht auf die Anzahl ihrer Mitglieder an, sondern auf deren Heiligkeit. Das sollten wir uns sehr bewusst machen! In unserer heutigen Zeit geht es meist nur um Zahlen; je größer eine Gemeinde ist, umso erfolgreicher gilt sie. Bei Gott ist das ganz anders! Gott legt keinen Wert auf Zahlen. Er hat die Schwachen und die Armen und die Törichten und die Verachteten auserwählt, »damit er das, was ist, zunichte mache, damit sich vor Gott kein Fleisch rühme« (1Kor 1,27-28). Lasst mich das wiederholen: Es kommt nicht auf die Anzahl der Mitglieder einer Gemeinde, sondern auf deren Heiligkeit an. Die Gemeinde ist die einzige Gesellschaft der Welt, für die man sich durch Untauglichkeit zur Aufnahme qualifiziert. Ist das nicht großartig? Darin unterscheidet sich die Gemeinde ganz grundsätzlich von jedem anderen Verein. Überall sonst muss man etwas darstellen, muss man Rang und Namen und möglichst auch eine dicke Geldbörse haben. Gott jedoch nimmt Sünder an – verlorene, hoffnungslose, hilflose Sünder –, rettet sie durch seine wunderbare Gnade und macht sie zu Gliedern seiner Gemeinde, damit sie in alle Ewigkeit bei ihm und ihm gleich sein können. Wie kommt es, dass wir darüber so wenig erstaunt sind?

Bilder für die Gemeinde

Das Neue Testament verwendet verschiedene Bilder, um die Gemeinde zu charakterisieren. Im Folgenden möchte ich diese kurz aufführen:

Zuallererst einmal ist die Gemeinde ein *Tempel*. In 1. Korinther 3,16 sagt Paulus: »Wisst ihr nicht, dass ihr Gottes Tempel seid …?« Ein Tempel ist ein Ort der Anbetung. Unter Gemeinde versteht man also Menschen, die sich zur Anbetung Gottes versammeln. Ist Euch klar, dass das viel zu wenig geschieht und dass unser Herr sehr wenig Dank und noch weniger Anbetung bekommt? Ich werde immer hellhörig, wenn ich auf eine Gruppe von Christen treffe, die wahre Anbeter sind, die mit Herzen voller Liebe und Dank vor Gott kommen und ihn anbeten für das, was er ist und was er getan hat.

Die Gemeinde ist eine *Herde*, die von einem Hirten geweidet wird. Jesus ist der Gute Hirte. Er gab sein Leben für seine Schafe, um nicht nur einen Hof, einen Stall, sondern auch um eine Herde zu haben. Diese Herde ist die Gemeinde.

Die Gemeinde ist ein *Garten*, der dem Herrn nützlich sein soll, der fruchtbar für ihn sein soll. »Ackerfeld« ist das Wort, das in 1. Korinther 3,9 verwendet wird. Ein Garten, ein Ackerfeld – was für ein wunderbares Bild der Gemeinde! Bringen wir dem Herrn Frucht?

Die Gemeinde ist ein *Bau*, ein Gebäude, das so lange vergrößert und erweitert wird, bis auch der letzte Stein eingesetzt, der letzte Gläubige hinzugetan ist und die Gläubigen entrückt werden.

Die Gemeinde ist ein *neuer Mensch.* Wie wir bereits gesehen haben, sind die Unterschiede zwischen Juden und Heiden aufgehoben.

Die Gemeinde ist eine *Behausung Gottes* im Geist, d.h. eine Versammlung von Menschen, in deren Mitte Gott sich wohlfühlen kann. Ist das nicht etwas Wunderbares? Eine Behausung Gottes im Geist!

Und dann wird die Gemeinde natürlich auch als *Braut Christi* bezeichnet. Was könnte deutlicher von Liebe und Innigkeit sprechen als das? Wir Gläubigen gehören zur Braut Christi. Niemals wurde Israel im Alten Testament so genannt. Und wir werden mit Christus über die Erde herrschen. Wir werden mit ihm zurückkommen und 1000 Jahre lang mit ihm über die Erde regieren.

Die Gemeinde ist das Haus Gottes, in dem Gott uns Ordnung und Disziplin lehrt. In 1. Timotheus 3,15 wird uns gesagt, dass sie der Pfeiler und die Grundfeste der Wahrheit ist. Pfeiler dienten damals dazu, Nachrichten zu verkünden und Informationen zu verbreiten. Die Gemeinde ist sowohl der Pfeiler als auch das Fundament der Wahrheit, denn sie hält an Gottes Wahrheit fest.

Die Bedeutung der Gemeinde

Ist die Gemeinde wichtig? Ja, sogar sehr! Es ist die einzige Gemeinschaft der Welt, der Christus ewiges Bestehen verheißen hat. Mit anderen Worten: Es ist die einzige Organisation der Welt, die niemals aufhören oder verschwinden wird. Was für eine Verheißung! Denkt an all das, was die

Gemeinde über die Jahrhunderte hinweg ertragen musste! Es ist ein echtes Wunder, dass es sie noch immer gibt. Jesus sagte: »Du bist Petrus; und auf diesen Felsen werde ich meine Versammlung bauen, und die Pforten des Hades werden sie nicht überwältigen.« (Mt 16,18). Die Gemeinde bleibt in Ewigkeit.

Wie wichtig die Gemeinde ist, zeigt sich auch an der außerordentlich großen Anzahl an Bibelstellen, die von ihr sprechen. Hier ist ein zuverlässiger Test: Wie viel Zeit verwenden wir für eine Sache? Unzählige Stellen im Neuen Testament, insbesondere die Briefe an die Epheser und die Kolosser, machen Aussagen über die Gemeinde.

Die Gemeinde ist auch Anschauungsunterricht für die Engel. Das ist wunderbar. Die Engel blicken auf die Erde und sehen die mannigfaltige Weisheit Gottes in der Gemeinde (vgl. Eph 3,10). Ihr müsst euch das so vorstellen: Wir alle sind so etwas wie unbearbeitete Edelsteine und müssen geschliffen werden. Gott stellt uns in der Gemeinde zusammen. Dort reiben wir uns aneinander, lesen gemeinsam Gottes Wort, bemühen uns, dem Herrn gehorsam sein, und ehe wir uns versehen, haben wir eine ganz gehörige Menge Schliff abbekommen. Und wir werden miteinander vereint und bringen dem Herrn unser einstimmiges Lob. Auf diese Weise kann die Gemeinde ein Zeugnis für die himmlischen Wesen sein.

Die Gemeinde ist der Schlussstein der biblischen Offenbarung. In Kolosser 1,25 verwendet Paulus eine eigenartige Formulierung. Er sagt: »... um das Wort Gottes zu vollenden.« Daraus könnte man schließen, dass der Kolosserbrief das letzte Buch des Neuen Testaments ist.

Dem ist jedoch nicht so. Paulus sagt: »… die Versammlung, deren Diener ich geworden bin nach der Verwaltung Gottes, die mir in Bezug auf euch gegeben ist, um das Wort Gottes zu vollenden …« Inwiefern vollenden die Aussagen zur Gemeinde das Wort Gottes? Ganz einfach: Es sind die letzten neuen großen Wahrheiten, die dem Wort Gottes hier im Kolosserbrief hinzugefügt werden.

Darüber hinaus hat Gott die Gemeinde ausersehen, den Glauben hier auf dieser Erde zu verkünden. Jemand hat einmal Folgendes gesagt: »Überall, wo die Apostel hingingen, gründeten sie Gemeinden. Überall, wo wir hingehen, gründen wir Missionsgesellschaften.« Das zieht sich durch die Geschichte der Gemeinde hindurch: Die Apostel gründeten Gemeinden, wir rufen Missionsgesellschaften ins Leben.

Gott liebt die Gemeinde, die große universale Gemeinde wie auch jede einzelne Ortsgemeinde. Sein Ziel für dieses Zeitalter ist es, aus den Nationen ein Volk zu nehmen für seinen Namen (vgl. Apg 15,14). Ich halte das für sehr wichtig. Gottes gegenwärtiges Ziel ist es, aus den Heiden ein Volk für seinen Namen zu berufen. Wenn wir mit dem Herrn leben wollen, dann müssen wir uns dieses Ziel zu eigen machen. Wenn wir uns auf der gleichen Wellenlänge wie Gott befinden wollen, dann muss uns daran liegen, dass Menschen gerettet und zur neutestamentlichen Gemeinde hinzugetan werden.

Christus liebt die Gemeinde. Gott liebt die Gemeinde. Einer meiner Freunde schrieb Folgendes: »Wenn wir nur begreifen würden, wie sehr die Versammlung unserem Herrn am Herzen liegt, dann würden wir weniger Zeit mit Nebensächlichkeiten verschwenden. Stattdessen würden wir uns mehr darum kümmern, unsere Ortsgemeinde zu erbauen, also die Gemeinde, in der wir uns versammeln, und unsere Liebe würde jedes Glied am Leibe erreichen. Auf diese Weise würden wir uns um das kümmern, was unserem Herrn das Wichtigste ist.«

Gott liebt die Gemeinde. Christus liebt die Gemeinde. Auch ich liebe die Gemeinde. Bereits lange vor meiner Errettung bin ich in die Versammlung gegangen. Mein Vater trug meinen Bruder und mich auf den Schultern durch meterhohe Schneeberge zur Gemeinde. Die erste Gemeinde, an die ich mich erinnern kann, traf sich im Wohnzimmer eines Privathauses. Dort versammelten sich einige ältere Damen und ein oder zwei Brüder. Aber sie kannten Gott! Diese Geschwister kannten Gott! Der Einfluss, den das auf mein Leben hatte, lässt sich nicht beschreiben. Ich liebe die Gemeinde. Wir alle sollten die Gemeinde lieben. Wir sollten begeistert von der Gemeinde sein! Die gesamte Kirchengeschichte zeigt, dass die Männer, die Gott in der Gemeindegründung gebraucht hat, begeistert von der Gemeinde waren.

Denken wir z.B. an Bakht Singh in Indien. Ich übertreibe nicht, wenn ich sage, dass er an mindestens 250 Gemeindegründungen beteiligt war. Oder denken wir an Watchman Nee in China. Er liebte die Gemeinde leidenschaftlich und tat bis zu seiner Inhaftierung eine großartige Arbeit. Nehmen wir J.N.Darby. 23 Jahre lang bereiste er ganz Europa; wohin immer er kam, hinterließ er neutestamentliche Gemeinden. Sein schriftliches Werk besteht aus 34 Bänden. Sein Leben war Gott vollständig geweiht; er war voller Leidenschaft für den Herrn. Auch in unserer Zeit gibt es Menschen, denen die Arbeit der Apostel ein Herzensanliegen ist. Das heißt nicht, dass sie Apostel sind, sie haben jedoch einen apostolischen Dienst. Sie ziehen durch die Welt und es entstehen Gemeinden. Wir alle sollten die Gemeinde lieben.

Ein Ältester in einer Ortsgemeinde ist Gott wichtiger als ein Herrscher über ein großes Reich. Warum sage ich das? Weil sich das Neue Testament sehr ausführlich mit Ältesten beschäftigt – z. B. in 1. Timotheus 3 und Titus 1 –, es jedoch kein einziges Kapitel gibt, das sich mit Königen oder Präsidenten befasst. Ein Ältester einer Gemeinde – und sei sie auch noch so klein und verachtet – bedeutet Gott mehr als der größte Herrscher. Das sollte die höchste Stellung sein, die wir für uns und unsere Kinder anstreben. Würden wir die Welt mit Gottes Augen sehen, wäre das der Schwerpunkt unseres Bemühens!

Die schwächste Gemeinde dieser Welt bedeutet Gott mehr als das größte Reich. Gott bezeichnet die Nationen als Tropfen an einem Eimer. Das ist nicht gerade viel. Die Gemeinde jedoch bezeichnet er als den Leib und die Braut Christi. Welch ein gewaltiger Unterschied! Das zeigt uns Gottes Sicht der Dinge.

Es genügt nicht, einem göttlichen Muster zu folgen. Was wir benötigen, ist Gottes Kraft! Ebenso wenig genügt es, formal richtig zu leben. Wir benötigen einen lebendigen Glauben, der sich nach anderen ausstreckt. Das dürfen wir niemals vergessen!

GEBET: Himmlischer Vater, in diesem Kapitel haben wir ein wenig von dem gesehen, was dir und deinem herrlichen

Sohn am Herzen liegt. Bitte vergib, dass uns die Gemeinde oft so gleichgültig ist. Erneuere unseren Geist; schenke uns eine tiefe Sehnsucht danach, nicht nur dein Evangelium zu verkünden und Menschen gerettet zu sehen, sondern sie auch nach neutestamentlichen Prinzipien zu versammeln, damit sie in deiner Kraft deinen wunderbaren Namen ehren und verherrlichen. Das bitten wir dich im Namen deines einzigartigen Sohnes, Amen.

Kapitel 2

Wahrheiten über die Gemeinde

»Denn wie der Leib *einer* ist und viele Glieder hat, alle Glieder des Leibes aber, obgleich viele, ein Leib sind: so auch der Christus.« (1Kor 12,12)

Lasst uns den Text an dieser Stelle kurz unterbrechen und uns über dieses »so auch der Christus« Gedanken machen. In diesem Vers wird das Wort »Christus« in ganz besonderer Weise verwendet; es bezeichnet nicht nur das Haupt, sondern auch den Leib. Mit »der Christus« ist hier erstaunlicherweise der ganze Leib Christi gemeint. Niemand außer dem Heiligen Geist Gottes würde das an dieser Stelle je so sagen. Aber das ist genau das, was mit diesem Vers gemeint ist. »Denn wie der Leib *einer* ist und viele Glieder hat, alle Glieder des Leibes aber, obgleich viele, ein Leib sind: so auch der Christus.«

»Denn auch in *einem* Geist sind wir alle zu *einem* Leib getauft worden, es seien Juden oder Griechen, es seien Sklaven oder Freie, und sind alle mit *einem* Geist getränkt worden. Denn auch der Leib ist nicht *ein* Glied, sondern viele. Wenn der Fuß spräche: Weil ich nicht Hand bin, so bin ich nicht von dem Leib – ist er deswegen nicht von dem Leib? Und wenn das Ohr spräche: Weil ich nicht Auge bin, so bin ich nicht von dem Leib – ist es deswegen nicht von dem Leib? Wenn der ganze Leib Auge wäre, wo wäre das Gehör? Wenn ganz Gehör, wo der Geruch? Nun aber hat Gott die Glieder gesetzt, jedes einzelne von ihnen an dem Leib, wie es ihm gefallen hat. Wenn aber alle *ein* Glied wären, wo wäre der Leib? Nun aber sind der Glieder zwar viele, der Leib aber ist *einer.* Das Auge aber kann nicht zu der Hand sagen: Ich benötige dich nicht; oder wiederum das Haupt zu den Füßen: Ich benötige euch nicht; sondern vielmehr die Glieder des Leibes, die schwächer zu sein scheinen, sind notwendig; und die wir für die unehrbareren des Leibes halten, diese umgeben wir mit reichlicherer Ehre; und unsere nichtanständigen haben desto reichlichere Wohlanständigkeit; unsere wohlanständigen aber benötigen es nicht. Aber Gott hat den Leib zusammengefügt, indem er dem Mangelhafteren reichlichere Ehre gegeben hat, damit keine Spaltung in dem Leib sei, sondern die Glieder dieselbe Sorge füreinander hätten.« (1Kor 12,13-25)

Fassen wir Kapitel 1 noch einmal kurz zusammen. Wir haben über die Definition von »Gemeinde« nachgedacht und uns klargemacht, dass es sich dabei um eine Gemeinschaft herausgerufener Menschen handelt. Das Wort selbst ist ein neutrales Wort, es wird sowohl für den weltlichen Pöbel in Ephesus verwendet wie auch für eine Gruppe von Menschen, die durch die Wüste ziehen.

Wir haben davon gesprochen, dass das Wort »Gemeinde« dem Wort »Kirche« vorzuziehen ist, weil man bei »Gemeinde« an Menschen und bei »Kirche« an ein Gebäude denkt. Definitionen sind wichtig.

Wir haben ebenfalls davon gesprochen, dass es zwei Formen von Gemeinde gibt: die universale Gemeinde und die Ortsgemeinde. Zur universalen Gemeinde gehören alle

Gläubigen von Pfingsten bis zur Entrückung, die Ortsgemeinde wiederum ist eine Abbildung der universalen Gemeinde, die der Welt die Wahrheiten der universalen Gemeinde vor Augen führen soll.

Dann haben wir darüber gesprochen, dass die Gemeinde in Bildern dargestellt wird. Mit einigen dieser Bilder haben wir uns näher befasst: Gemeinde als Leib, als Braut, als Haus, als Behausung Gottes, als Garten und als Tempel, d. h. als Ort der Anbetung.

Und wir haben über die Bedeutung der Gemeinde gesprochen. Sie ist wichtig für Gott. Sie ist wichtig für Christus. Darum sollte sie auch uns wichtig sein.

Christus als Haupt der Gemeinde

Lasst uns im Folgenden über einige zentrale Wahrheiten der Gemeinde sprechen. Christus ist das Haupt der Gemeinde. »Denn der Mann ist das Haupt der Frau, wie auch der Christus das Haupt der Versammlung ist; er ist des Leibes Heiland.« (Eph 5,23). Christus ist das Haupt der Gemeinde. Jede Feststellung der Schrift ist gleichzeitig eine Aufforderung. Mit anderen Worten: Gott möchte uns nicht nur etwas mitteilen, sondern fordert uns gleichzeitig dazu auf, das in unserem Leben umzusetzen. Wenn er uns hier sagt, dass Christus das Haupt der Gemeinde ist, dann nicht nur, um dadurch unser Wissen zu erweitern, sondern auch, damit das in unserem persönlichen Leben und in unserem Gemeindeleben Realität werden kann.

Wenn jemand das Haupt oder der Kopf von etwas ist, dann hat er die oberste Leitung, dann obliegen ihm Regierung und Führung. Christus ist derjenige, der die Gemeinde regiert, und er ist derjenige, der sie führt. Wenn Christus das Haupt der Gemeinde ist, dann schließt das jegliche menschliche Autorität aus. Weder der Papst noch ein Bischof noch irgendein Kirchenfürst, kein Pfarrer und kein Priester, ja noch nicht einmal ein Ältester darf diese für sich beanspruchen. Auch die Ältesten sind nicht Haupt der Gemeinde. Christus ist das Haupt und die Ältesten sind Unterhirten.

Wie setzen wir das in unserem Gemeindeleben in die Praxis um? Die Antwort lautet: Lasst uns in einer solch engen Gemeinschaft mit unserem Herrn leben, dass er uns zeigen kann, was wir tun sollen. Dazu müssen wir uns in Gottes Wort vertiefen, und es gründlich studieren. Das trifft ganz besonders auf die Ältesten zu. Gottes Wort lehrt uns Gottes generellen Willen für uns und die Gemeinde. Die Ältesten haben deshalb die Aufgabe, sich ausführlich mit dem Wort Gottes zu beschäftigen, einzutauchen in dieses Wort, ins Gebet, in Gottes Gedanken, und dann die Leitung des Heiligen Geistes zu suchen. Wird Gott seinen Willen offenbaren? Gewiss wird er das! Er wird sehr klar zeigen, was in der Gemeinde geschehen soll.

Ray Stedman hat das in seinem Artikel *Soll der Pfarrer Papst spielen?* sehr gut ausgeführt:

»Viel zu lange hat die Gemeinde sich so verhalten, als sei Jesus weit fort, als hätte er die Gemeinde sich selbst überlassen, als müssten die Ältesten alle Entscheidungen selbst treffen, als seien sie es, die die Gemeinde leiten müssten. Im Missionsbefehl sagt Jesus jedoch, dass er immer bei uns ist, bis ans Ende der Welt. Er ist gegenwärtig, nicht nur in der Gemeinde an sich, sondern auch in jeder einzelnen Ortsgemeinde. Jesus selbst ist die höchste Autorität jeder christlichen Gemeinschaft. Und er beabsichtigt, diese Autorität durch die Ältesten auszuüben.

Die Aufgabe der Ältesten ist nicht, eine Gemeinde nach eigenen Vorstellungen zu leiten, sondern herauszufinden, wie Gott sich die Leitung dieser Gemeinde vorstellt. Den allgemeinen Entwurf dazu finden wir in seinem Wort. Bei spezifischen, das praktische Gemeindeleben betreffenden Entscheidungen sollen die Ältesten Gottes Willen durch freiwillige Einmütigkeit zu erkennen suchen. Mit anderen Worten: Die Ältesten treffen sich, erforschen gemeinsam Gottes Absicht, und dann lenkt der Herr ihren Verstand, ihre Gefühle und ihren Willen, sodass sie mit seinem Willen übereinstimmen.

Demzufolge hat Christus selbst in praktischen Dingen die oberste Autorität; Christus, und Christus allein. Einem einzelnen Menschen ist es gar nicht möglich, alle Gedanken des Heiligen Geistes zu verstehen. Aus diesem Grund hat Gott auch nicht eine einzelne Person mit der Autorität betraut, die Gemeinde zu leiten.«

Das ist eine zentrale Wahrheit der Gemeinde: Christus ist ihr Haupt. Besonders deutlich wird das im Brief an die Kolosser; Paulus hat es dort sehr konsequent ausgeführt.

Alle Gläubigen sind Glieder der Gemeinde

Eine weitere zentrale Wahrheit der Gemeinde ist, dass jeder Gläubige ein Glied der Gemeinde ist.

»Deshalb erinnert euch daran, dass ihr, einst die Nationen im Fleisch, die Unbeschnittene genannt werden von der so genannten Beschneidung, die im Fleisch mit Händen geschieht, dass ihr zu jener Zeit ohne Christus wart, entfremdet dem Bürgerrecht Israels und Fremdlinge betreffs der Bündnisse der Verheißung, keine Hoffnung habend und ohne Gott in der Welt. Jetzt aber, in Christus Jesus, seid ihr, die ihr einst fern wart, durch das Blut des Christus nahe geworden. Denn *er* ist unser Friede, der aus beiden *eins* gemacht und abgebrochen hat die Zwischenwand der Umzäunung, nachdem er in seinem Fleisch die Feindschaft, das Gesetz der Gebote in Satzungen, weggetan hatte, damit er die zwei, Frieden stiftend, in sich selbst zu *einem* neuen Menschen schüfe und die beiden in *einem* Leib mit Gott versöhnte durch das Kreuz, nachdem er durch dieses die Feindschaft getötet hatte. Und er kam und verkündigte Frieden, euch, den Fernen, und Frieden den Nahen. Denn durch ihn haben wir beide den Zugang durch *einen* Geist zu dem Vater. Also seid ihr nun nicht mehr Fremdlinge und ohne Bürgerrecht, sondern ihr seid Mitbürger der Heiligen und Hausgenossen Gottes, aufgebaut auf der Grundlage der Apostel und Propheten, indem Christus Jesus selbst Eckstein ist, in welchem der ganze Bau, wohl zusammengefügt, wächst zu einem heiligen Tempel im Herrn, in dem auch ihr mitaufgebaut werdet zu einer Behausung Gottes im Geist.« (Eph 2,11-22)

Paulus sagt hier, dass Jesus durch sein Werk am Kreuz die zuvor verfeindeten gläubigen Juden und gläubigen Heiden auf wunderbare Weise miteinander vereint hat. Viele Juden glaubten, Gott hätte die Heiden als Brennmaterial für die Flammen der Hölle erschaffen. Das ist wahre Feindschaft! Das führte zu einer gewaltigen Kluft in der Menschheit, jener Kluft zwischen Juden und Heiden. Genauer gesagt entstand diese Kluft durch das Gesetz. Es war Gottes Gesetz, das Israel zu Gottes auserwähltem irdischem Volk bestimmte. Jetzt aber, durch das Werk des Herrn Jesus, sind gläubige Juden und gläubige Heiden eins gemacht in Christus. In diesem wunderbaren Absatz erklärt Paulus, wie das vonstatten geht.

Was bedeutet das für uns? Wir müssen uns bewusst machen, dass jede Feststellung eine Aufforderung ist. Wir müssen die Einheit des Leibes Christi anerkennen. In Christus sind alle wahren Gläubigen eine Einheit. Das hat Konsequenzen für die Art und Weise, wie wir mit Gästen in unserer Ortsgemeinde umgehen. Alle, die das Zeichen der Erlösung an sich tragen, müssen wir in unsere Gemeinschaft aufnehmen, unabhängig von Geschlecht, Nationalität oder Kulturkreis. Gewiss, es gibt ein oder zwei Ausnahmen; wir dürfen natürlich niemanden aufnehmen, der in einer anderen Gemeinde unter Gemeindezucht steht; das muss er mit seiner eigenen Gemeinde klären. Wir sollten jedoch jeden Gläubigen aufnehmen, der eine schriftgemäße Lehre hat, ein heiliges Leben führt und in einer anderen Gemeinde nicht unter Gemeindezucht steht.

Diese Wahrheit der Einheit in Christus bedeutet auch, dass wir alle Gläubigen lieben sollen. Jeder, der einmal von zu Hause fort war, hat das auf sehr reale Weise erlebt. Was für eine Freude ist es, in der Fremde auf jemanden zu treffen, der den Namen des Herrn kennt! Stellt Euch vor, Ihr seid beim Militär und müsst an einem Kriegseinsatz teilnehmen. Wenn Ihr dann jemandem begegnet, der den Namen des Herrn bezeugt, werdet Ihr eine Verbundenheit zwischen Euch feststellen, eine Verbundenheit in Christus, die sehr real ist. Wir sollten alle Gläubigen lieben.

Und denkt daran, dass das Neue Testament Liebe nicht als Gefühl, sondern als Akt des Willens definiert. Wenn wir heutzutage an Liebe denken, dann denken wir an ein romantisches Gefühl, an ein Gefühl, das einen – ähnlich wie eine Erkältung – einfach überfällt und sich nicht steuern lässt. Dem ist jedoch nicht so. Liebe ist ein Gebot. Vielleicht fragt Ihr Euch jetzt: »Wie kann ich lieben?« Ihr könnt lieben, indem Ihr gebt. »Denn so hat Gott die Welt geliebt, dass er seinen eingeborenen Sohn gab, damit jeder, der an ihn glaubt, nicht verloren gehe, sondern ewiges Leben habe« (Joh 3,16). Auch Christus hat die Gemeinde geliebt, deshalb gab er sich für sie. Wir können anderen unsere Liebe zeigen, indem wir uns für sie hingeben, indem wir, falls nötig, unser Leben für die Brüder lassen.

Wir brauchen alle Gläubigen. Das zeigt uns die Stelle in 1. Korinther 12. Um richtig funktionieren zu können, benötigen wir alle Glieder unseres Leibes. Was für unseren

Körper zutrifft, ist auch für den Leib Christi wahr. Wir brauchen einander.

Wir können von anderen Gläubigen lernen, selbst wenn wir theologisch nicht in allen Punkten übereinstimmen. In Bezug auf das Fundament der christlichen Lehre sind sich jedoch alle wahren Gläubigen einig. Welche Wahrheiten sind fundamental?

Zuallererst einmal glauben alle Gläubigen daran, dass die Bibel inspiriert ist, also von Gott eingegeben. Wenn die Bibel nicht Gottes Wort ist, dann haben wir nichts. Dann können wir genauso gut essen, trinken und fröhlich sein, denn morgen sterben wir. Wäre die Bibel nicht Gottes inspiriertes Wort, wäre das die einzige plausible Lebensphilosophie. Alle Gläubigen glauben an die Inspiration der Schrift.

Alle Gläubigen glauben an die Dreieinigkeit. Das beinhaltet natürlich die Göttlichkeit des Herrn Jesus. Das ist mehr als fundamental: Jesus Christus ist Gott, die zweite Person der Gottheit.

Alle Gläubigen glauben an das stellvertretende Werk Jesu am Kreuz auf Golgatha. Sie erkennen an, dass er für unsere Sünden starb, dass er sich zum Opfer für uns gegeben hat und dass er an unserer Stelle gestorben ist. Er starb den Tod, den wir unserer Sünde wegen hätten sterben müssen.

Alle Gläubigen glauben, dass Jesus begraben wurde. Er ist auferstanden – die Auferstehung ist fundamental – und in den Himmel aufgefahren.

Alle wahren Gläubigen erkennen das Evangelium an: Errettung aus Gnade durch Glauben und ohne Werke. Das ist fundamental. Mach hier Abstriche und es ist nicht mehr das Evangelium des Neuen Testaments. Füg hier etwas hinzu und es ist nicht mehr das Evangelium des Neuen Testaments. Wahre Gläubige glauben dem Evangelium: Errettung durch Gnade aus Glauben ohne die Werke des Gesetzes.

Alle Gläubigen glauben, dass alle, die an Christus glauben, ewiges Leben haben, und alle, die Christus ablehnen, ewig verdammt sind. Das gehört zu den Grundlagen des Glaubens.

Es gibt jedoch eine ganze Reihe von Dingen, bei denen die Christen sich nicht einigen können. Dazu gehören zum Beispiel Prophetien. Wir glauben, dass Jesus wiederkommt, können uns jedoch gelegentlich in Bezug auf die Details nicht einigen. Wir selbst mögen uns noch so sicher sein, Tatsache ist, dass es Christen gibt, die in manchen Punkten anders denken.

Ich kann alle Christen lieben. Ich brauche alle Christen, selbst wenn ich in einigen nicht-fundamentalen Punkten nicht mit ihnen übereinstimme. Mögen ihre Ansichten in einigen Lehrfragen auch jeder Grundlage entbehren, so kann ich doch z. B. von ihrer Herzlichkeit lernen. Oder ich kann mich von ihrem Eifer für Gott anstecken lassen. Oder mich an ihrer schönen Musik freuen. Etwas Positives gibt es immer. Ich kann Christus in ihnen sehen und darum bemühe ich mich auch stets. Ich glaube nicht, dass ich jemals einen Gläubigen getroffen habe, von dem ich nichts lernen konnte. So sollte es auch sein, wenn wir Glieder desselben Leibes sind.

Wir sollten für alle Gläubigen beten. In 1. Timotheus 2

fordert Paulus uns sogar dazu auf, für alle Menschen zu beten. Auf jeden Fall jedoch sollten wir für alle Gläubigen beten. Denken wir an die vielen Länder, in denen Christen verfolgt und um ihres Glaubens willen oft sogar umgebracht werden: an den Sudan, die meisten muslimischen Länder und an China, um nur einige Beispiele zu nennen. Ich hoffe, Eure Gemeinde steht treu hinter der verfolgten Kirche. Wir sollten für alle Gläubigen beten.

Wir sollten uns freuen, wenn Christus von anderen Gläubigen gepredigt wird, selbst wenn wir nicht alles gutheißen, was sie tun.

»Einige zwar predigen den Christus auch aus Neid und Streit, einige aber auch aus gutem Willen; diese aus Liebe, da sie wissen, dass ich zur Verteidigung des Evangeliums gesetzt bin; jene verkündigen den Christus aus Streitsucht, nicht lauter, wobei sie meinen Fesseln Trübsal zu erwecken gedenken.

Was denn? Wird doch auf alle Weise, sei es aus Vorwand oder in Wahrheit, Christus verkündigt, und darüber freue ich mich, ja, ich werde mich auch freuen …« (Phil 1,15-18).

Paulus schrieb den Philipperbrief im Gefängnis, dennoch trägt dieser Brief keinerlei Gefängnisgeruch an sich; er zeugt vielmehr von Sieg und Freude! Auch wir können uns darüber freuen, wenn Christus verkündigt wird, selbst wenn wir nicht hinter allem stehen können, was diese Leute tun.

In einigen großen Evangelisationsfeldzügen wurden die Neubekehrten in ihre andersgläubigen Gemeinden oder gar in jüdische Synagogen zurückgeschickt. Wir können uns zwar darüber freuen, dass Christus gepredigt wird, sollten uns von dergleichen Praktiken jedoch klar distanzieren. Das widerspricht den Prinzipien des Wortes Gottes. Da können wir nicht mehr mitgehen. Auch wenn wir einander lieben und einander brauchen, müssen wir doch unseren Prinzipien treu bleiben.

Von Moody stammt der Satz: »Ich würde keine lebenden Küken unter ein totes Huhn legen.« Menschen, die gerettet sind, brauchen eine Umgebung, in der sie mit Gottes Wort genährt werden und in der Gnade und der Erkenntnis unseres Erlösers wachsen können.

Und C. H. Mackintosh sagte sehr richtig: »In Bezug auf unsere Treue gegenüber dem Wort Gottes sollten wir einen sehr engen Kreis um uns ziehen, in Bezug auf unsere Liebe zu den Geschwistern sollten wir einen sehr weiten Kreis ziehen.« Das ist eine sehr weise Aussage. In Bezug auf Gottes Wort dürfen wir keine Kompromisse machen; an dieser Stelle käme ein Kompromiss einer Niederlage gleich. In Bezug auf andere Christen sollten wir jedoch einen sehr weiten Kreis der Zuneigung und Liebe ziehen. Das bezieht sich auf alle Glieder des Leibes Christi – es sind unsere Brüder und Schwestern in Christus.

Und nicht nur das, sondern jeder Gläubige hat auch eine Gabe. »Einem jeden aber wird die Offenbarung des Geistes zum Nutzen gegeben […] Denn auch der Leib ist nicht *ein* Glied, sondern viele.« (1Kor 12,7.14) Wenn Jesus Dein Herr und Heiland ist, dann hast Du mindestens eine Gabe.

Wir sollten wissen, welche Gabe Gott uns gegeben hat. Das ist sehr wichtig, denn wie können wir unsere Gabe einsetzen, wenn wir sie nicht kennen? Möglicherweise fragt Ihr Euch jetzt, wie Ihr Eure Gabe erkennen könnt. Bill Gothard sagte einmal sehr treffend, dass es sich dabei um den Dienst für den Herrn handelt, in dem maximale Wirkung bei minimaler Erschöpfung eintritt. »Maximale Wirkung bei minimaler Erschöpfung.« Ihr habt viele Möglichkeiten, Euch für den Herrn einzusetzen, aber nicht alle Möglichkeiten liegen euch gleichermaßen. Der eine oder andere Dienst macht Euch jedoch wirklich Freude und der Herr scheint Euch darin auch zu segnen.

Manchmal ist es auch hilfreich, die Ältesten um Rat zu fragen. Fragt eure Ältesten, was sie für Eure Gabe halten. Unter Umständen können Eure Ältesten das besser beurteilen als Ihr selbst. Manch einer mag sich selbst für einen begabten Evangelisten halten und in die Weltmission gerufen fühlen; die Brüder sehen jedoch, dass er zumindest jetzt noch nicht so weit ist und geistlich erst noch wachsen muss.

Jeder Gläubige hat eine Gabe. Es hat nichts mit Stolz zu tun, wenn man seine Gabe benennt; es handelt sich um eine souveräne Gabe des Heiligen Geistes, die Ihr nicht erbeten und noch viel weniger verdient habt. Gott hat sie Euch bei Eurer Bekehrung geschenkt; darum zeugt es nicht von Hochmut, sie zu nennen.

In einer Ortsgemeinde sollte Raum für die Ausübung von Gaben sein. In 1. Korinther 14,26 sehen wir, wie es in der Urgemeinde zuging: »Was nun Brüder? Wenn ihr zusammenkommt, so hat jeder von euch einen Psalm, hat eine Lehre, hat eine Offenbarung, hat eine Sprache[nrede], hat eine Auslegung; alles geschehe zur Erbauung.«

Offensichtlich gab es in der Urgemeinde Zusammenkünfte, in denen die Brüder predigen, beten und den Herrn anbeten konnten. In der Gemeinde sollte man frei sein, seine Gabe auszuüben.

Die Gaben, die wir erhalten haben, sollen nicht der Selbstdarstellung, sondern der Auferbauung anderer dienen. »In einem jeden offenbart sich der Geist zum Nutzen aller.« (1Kor 12,7 – Luther 1984). So war es zur Zeit der Urgemeinde offensichtlich nicht unüblich, dass Geschwister die Gabe der Sprachenrede hatten. Es konnte vorkommen, dass ein Bruder, ohne z. B. je Italienisch gelernt zu haben, aufstand und fließend Italienisch redete. Manche Brüder wollten ihre Gabe jedoch zur Schau stellen, in der Hoffnung, andere durch ihre Sprachenrede zu beeindrucken. Ob es übersetzt wurde oder nicht, war ihnen gleichgültig, sie wollten nur einfach damit angeben. Aus diesem Grund betont Paulus in 1. Korinther 12, dass die Gaben nicht zur Selbstdarstellung, sondern zum Nutzen für alle gegeben sind. Auch wir sollten unsere Gabe zum Segen für andere einsetzen.

Es gibt drei Stellen im Neuen Testament, an denen Paulus die einzelnen Gaben aufführt. Die erste Liste finden wir in Römer 12, die zweite im 1. Korintherbrief am Ende des 12. Kapitels und eine dritte in Epheser 4: »Und *er* hat die einen gegeben als Apostel und andere als Propheten und andere als Evangelisten und andere als

Hirten und Lehrer, zur Vollendung der Heiligen, für das Werk des Dienstes, für die Auferbauung des Leibes des Christus, bis wir alle hingelangen zu der Einheit des Glaubens und der Erkenntnis des Sohnes Gottes, zu dem erwachsenen Mann, zu dem Maß des vollen Wuchses der Fülle des Christus; damit wir nicht mehr Unmündige seien, hin und her geworfen und umhergetrieben von jedem Wind der Lehre, die durch die Betrügerei der Menschen kommt, durch ihre Verschlagenheit zu listig ersonnenem Irrtum; sondern die Wahrheit festhaltend in Liebe, lasst uns in allem heranwachsen zu ihm hin, der das Haupt ist, der Christus, aus dem der ganze Leib, wohl zusammengefügt und verbunden durch jedes Gelenk der Darreichung, nach der Wirksamkeit in dem Maß jedes einzelnen Teiles, für sich das Wachstum des Leibes bewirkt zu seiner Selbstauferbauung in Liebe.« (Eph 4,11-16)

Auf den ersten Blick wirken diese Sätze bunt zusammengewürfelt; ich werde Euch jedoch zeigen, dass dem nicht so ist.

Sehen wir uns Vers 7 an: »Jedem Einzelnen aber von uns ist die Gnade gegeben worden nach dem Maß der Gabe des Christus.« Wenn Christus Euch eine Gabe gibt, dann gibt er Euch auch die Gnade, diese Gabe auszuüben. Wenn Gott etwas von Euch fordert, dann gibt er Euch die Kraft, seinen Willen auszuführen. Niemals fordert er etwas von uns, wozu uns seine Gnade nicht befähigt.

Vers 8 sagt weiter: »Darum sagt er: ›Hinaufgestiegen in die Höhe, hat er die Gefangenschaft gefangen geführt und den Menschen Gaben gegeben.‹«

Damit wird gesagt, dass der Herr Jesus, als er in den

Himmel aufgefahren ist, nachdem er sein Werk auf Golgatha vollbracht hatte, einen gewaltigen Sieg errungen hat. Er ging durch die Atmosphäre hindurch, durch Heerscharen von Dämonen, vorbei an Satan und seinen Helfershelfern. »Er hat die Gefangenschaft gefangen geführt.« Das war ein Triumph über all seine Feinde. »... und den Menschen Gaben gegeben.« Paulus bezieht sich damit auf Psalm 68,18: »Du bist aufgefahren in die Höhe, du hast die Gefangenschaft gefangen geführt; du hast Gaben empfangen im Menschen ...«. Offensichtlich gab Gott ihm als eine Frucht aus seiner Mühsal am Kreuz von Golgatha Gaben, die er wiederum den Menschen weitergab. In Vers 9 erklärt Paulus das folgendermaßen: »Das aber: Er ist hinaufgestiegen, was ist es anderes, als dass er auch hinabgestiegen ist in die unteren Teile der Erde?« Hier spricht Paulus über die Himmelfahrt Christi. Christus war von Ewigkeit her im Himmel. Wie konnte er dann dahin auffahren? Das setzt voraus, dass er zuvor auf die Erde kam. Genau das war in Bethlehem geschehen: Unser Herr nahm eine menschliche Gestalt an und wurde Mensch.

Paulus sagt hier nun also, dass Jesus, um auffahren zu können, zuerst einmal herunterkommen musste. Vielleicht fragt ihr Euch nun, was mit den »unteren Teilen der Erde« gemeint ist. Die Antwort ergibt sich aus Psalm 139, in dem ein ähnlicher Ausdruck verwendet wird: »in den untersten Örtern der Erde«. In diesem Psalm spricht David über seine Geburt, seine Zeugung, sein Heranwachsen im Mutterleib. Das ist einer der schönsten Psalmen in einem Buch voller schöner Psalmen. Es geht um die Entstehung des menschlichen Lebens im Mutterleib. In Vers 14 und 15 sagt

David: »Ich preise dich dafür, dass ich auf eine erstaunliche, ausgezeichnete Weise gemacht bin. Wunderbar sind deine Werke, und meine Seele weiß es sehr wohl. Mein Gebein war nicht vor dir verborgen, als ich gemacht wurde im Geheimen, gewirkt wie ein Stickwerk in den untersten Örtern der Erde.« Die »untersten Örter der Erde« sind hier also ein poetischer Ausdruck für den Leib seiner Mutter. Um die Bibel besser zu verstehen, ist es manchmal hilfreich, sie mit den Augen eines Dichters zu lesen. Ich selbst hätte »die untersten Örter der Erde« niemals mit Marias Leib gleichgesetzt, hätte ich das geschrieben, doch genau das ist es, was hier gemeint ist.

Epheser 4,9 sagt also in anderen Worten, dass als Christus hinaufgestiegen ist, was besagt es anderes, als dass er auch hinabgestiegen ist in Marias Leib und in Bethlehem geboren ist? Und Vers 10 ergänzt: »Der hinabgestiegen ist, ist derselbe, der auch hinaufgestiegen ist über alle Himmel, damit er alles erfüllte.«

Und dann wandte Gott sich um und gab den Menschen diese Gaben: Apostel, Propheten, Evangelisten, Hirten und Lehrer.

Ich glaube nicht, dass diese Stelle besagt, dass jeder von uns eine der hier genannten Gaben hat. Meiner Meinung nach handelt es sich hier um spezielle Gaben des Dienstes, die sich in gewisser Weise von den in Römer 12 und in 1. Korinther 12 genannten Gaben unterscheiden. Die hier genannten Gaben sind ganz spezielle Gaben.

Apostel und Propheten: Bei den Aposteln handelte es sich um Männer, die Zeugen der Auferstehung waren und von Jesus ausgesandt wurden. Apostel im ursprünglichen

Sinn des Neuen Testaments gibt es heute nicht mehr, ja, wir brauchen sie auch gar nicht mehr. Die Propheten waren Männer Gottes zur Zeit des Neuen Testaments, die uns das Neue Testament gegeben haben, also das, was uns die Bibel lehrt. Wir brauchen solche Männer nicht mehr, weil uns das biblische Zeugnis genügt. In einem schwächeren Sinn des Wortes gibt es jedoch auch heute noch Apostel, nämlich Männer, die ausziehen und deren Zeugnis Gott auf wunderbare Weise segnet. Einige Brüder haben einen apostolischen Dienst, sie sind jedoch keine Apostel im eigentlichen Sinn des Wortes; ihnen fehlt die Kraft und die Autorität der Apostel. Und ebenfalls in einem schwächeren Sinn haben wir auch heute noch Propheten; nicht Propheten, die uns Gottes Wort bringen – wir würden niemanden akzeptieren, der behauptet, ein Wort von Gott zu haben –, sondern Brüder, die uns Gottes Wort auslegen und erklären.

Sicher ist jedoch, dass die anderen Gaben auch heute noch vorhanden sind.

Evangelisten: Ein Evangelist ist jemand, der die Gute Nachricht verkündet. Sein Arbeitsfeld ist nicht die Gemeinde, sondern die Welt – die gesamte Welt. Er ist ein Menschenfischer und geht überall dorthin, wo er Fische findet.

Die damaligen Hirten hatten keine feste Bleibe. Bitte beachtet, dass sie immer in der Mehrzahl genannt werden. In diesem Sinne waren Timotheus und Titus Hirten; sie zogen umher und dienten den Gemeinden. Und Paulus hatte das Herz eines Hirten.

Lehrer sind Männer, die Gottes Wort auslegen.

Der Zweck der Gaben

Vers 12 ist ein Schlüsselvers, denn ab diesem Vers spricht Paulus über den Zweck der Gaben. Gott gab diese Gaben, »… damit die Heiligen zugerüstet werden zum Werk des Dienstes.« (Luther 2017) Wem ist das Werk des Dienstes befohlen? Wenn Ihr Euch diesen Vers genau anseht, werdet Ihr feststellen, dass der Dienst den Heiligen befohlen ist. Nicht einer ausgewählten Gruppe ordinierter Kirchenleute, sondern den Heiligen. Wenn Du an den Herrn Jesus glaubst, dann bist Du in den Dienst gerufen. »Dienst« oder »Werk des Dienstes« hat nichts, aber auch gar nichts mit Vollzeitdienst zu tun. Um im Dienst Christi zu stehen, muss man kein Pfarrer oder Prediger sein. Jeder von Euch, die Ihr aus Gnade errettet seid – Mann oder Frau – steht im Dienst Jesu Christi. Das ist ein revolutionärer Gedanke, der sich grundlegend von der Praxis unterscheidet, die in der Kirche seit Hunderten von Jahren üblich ist.

»… damit die Heiligen zugerüstet werden zum Werk des Dienstes. Dadurch soll der Leib Christi erbaut werden …« Wie kann eine junge Gemeinde wachsen? Stellt Euch ein Baby vor, das im Kinderwagen liegt, mit Armen und Beinen strampelt und aus voller Kehle schreit. Was für eine Energieverschwendung, möchte man meinen! Nein, ganz und gar nicht, das gehört zum Wachstumsprozess dazu. Würde ein Baby nicht strampeln, würden seine Arme und Beine verkümmern und über kurz oder lang könnte es sie nicht mehr gebrauchen. Genauso ist es auch mit der Gemeinde. Werden die in der Gemeinde vorhandenen Gaben nicht eingesetzt, verkümmern sie. Leider geschieht jedoch genau das in vielen Gemeinden.

Weiter erklärt Paulus: »... bis wir alle hingelangen zu der Einheit des Glaubens und der Erkenntnis des Sohnes Gottes, zu dem erwachsenen Mann, zu dem Maß des vollen Wuchses der Fülle des Christus ...« (V. 13). Gott möchte, dass die Gemeinde ein Abbild Jesu hier auf der Erde ist. Er möchte, dass Menschen, die mit Christen zu tun haben, an Gott erinnert werden. Ungläubige sollen sich sagen: »Er erinnert mich an Jesus. Sie hat etwas, was mich an Jesus erinnert.« Dazu muss man jedoch seine Gaben in der Gemeinde einsetzen und nicht etwa jemanden für deren Ausübung bezahlen. Genau das ist es, was die Christenheit so häufig tut: Sie bezahlt Menschen dafür, religiöse Pflichten auszuüben, während die Heiligen damit beschäftigt sind, weltliche Geschäfte abzuwickeln und reich zu werden. Das Neue Testament lehrt uns jedoch etwas völlig anderes! Das Werk des Dienstes ist jedem Gläubigen befohlen. Jeder, der an Jesus glaubt, steht im Dienst des Herrn. Beachtet Vers 14: »... damit wir nicht mehr Unmündige seien, hin und her geworfen und umhergetrieben von jedem Wind der Lehre, die durch die Betrügerei der Menschen kommt, durch ihre Verschlagenheit zu listig ersonnenem Irrtum ...« Damit wird gesagt, dass Christen jeder noch so verrückten Irrlehre auf den Leim gehen, wenn sie ihre Gaben nicht ausüben. Sie fallen auf jeden herein, der mit der Bibel in der Hand daherkommt. Würden sie ihre Bibel besser kennen, würde ihnen das nicht passieren; so aber lassen sie sich von allen möglichen Irrlehrern täuschen, ja, selbst von jemandem, der die Gottheit Jesu leugnet.

»… sondern die Wahrheit festhaltend in Liebe, lasst uns in allem heranwachsen zu ihm hin, der das Haupt ist, der Christus …« (V. 15). Das ist Gottes Programm für Gemeindewachstum. Vers 16 ist wunderschön: »… aus dem der ganze Leib, wohl zusammengefügt und verbunden durch jedes Gelenk der Darreichung, nach der Wirksamkeit in dem Maß jedes einzelnen Teiles, für sich das Wachstum des Leibes bewirkt zu seiner Selbstauferbauung in Liebe.« Mit anderen Worten: In einer vorbildlichen Gemeinde tut nicht ein Mann die ganze Arbeit, während der Rest der Gemeinde sonntags die Kirchenbänke wärmt, ein Scherflein in den Opferbeutel wirft und unter der Woche in der Arbeitswelt abtaucht. Stattdessen ist die ganze Gemeinde mit dem Evangelisieren beschäftigt. Jeder in der Gemeinde legt Zeugnis für den Herrn ab. Jeder studiert die Bibel und wächst in der Gnade des Herrn. Jeder übt seine Gabe zur Ehre Gottes aus. Das ist ein absolut revolutionärer Abschnitt! Vor allem dieser Stelle ist es geschuldet, dass ich mit neutestamentlichen Gemeinden zusammenarbeite. Als ich beim Militär war, wurde ich gefragt: »Weshalb gehst du in diese Art von Gemeinde? Tust du das, weil auch dein Vater dorthin ging? Wärst du in einer Denominationskirche genauso zufrieden?« Ich wusste nicht, wie ich diese Fragen beantworten sollte. So sagte ich zu Gott: »Herr, ich werde das Neue Testament studieren; bitte lass mich die Wahrheit erkennen.« Gott führte mich zu Epheser 4; dort sah ich, dass Gott die Gaben zur Zurüstung der Heiligen für das Werk des Dienstes gegeben hatte. Das überzeugte mich. Jeder von uns benötigt eigene Überzeugungen – Überzeugungen, die wir aus Gottes Wort gewonnen haben, nicht von unseren Eltern übernommen. Wenn Ihr erst einmal von einer Wahrheit in Gottes Wort überzeugt seid, dann bleibt dabei. Diese Überzeugungen sind wichtig.

Alle Gläubigen haben Gaben. Der Abschnitt, den wir hier betrachten, schließt einen Ein-Mann-Dienst aus, und macht ihn schlichtweg unmöglich. Wir haben uns so sehr an den Dienst von Pastoren und Pfarrern gewöhnt, dass es uns schwerfällt, diesen Gedanken aufzugeben. Und doch soll es nach Gottes Willen Älteste geben, soll der Gemeinde nicht ein einzelner Mann, sondern eine Gruppe von Männern als Aufseher vorstehen, sollen der Ortsgemeinde mehrere Männer dienen und ihre Gaben in der Gemeinde ausüben.

Im nächsten Kapitel wollen wir uns mit dem Priestertum aller Gläubigen beschäftigen. Wir werden dabei von Männern hören, die über diesen Abschnitt predigten, gleichzeitig aber Pastoren der Kirche waren. Ein großes Rätsel!

GEBET: Herr, bitte segne dieses Wort an uns. Vater, wir bitten dich darum, dass dein Volk ein Volk des Buches wird, dass wir uns mehr und mehr von deinem Wort leiten lassen und nicht von Traditionen und jahrhundertealten Überlieferungen. Lass uns nach deinem Wort fragen und darin deinen Willen für die Gemeinde erkennen. Hilf uns, unsere Gabe zu erkennen und diese in größtmöglichem Maß zu deiner Ehre, zur Rettung von Sündern, zur Auferbauung der Heiligen und zur Förderung deines Werkes hier auf der Erde einzusetzen. Das bitten wir dich im Namen deines Sohnes. Amen.

Kapitel 3

Das Priestertum aller Gläubigen

»Legt nun ab alle Bosheit und allen Trug und Heuchelei und Neid und alles üble Nachreden, und wie neugeborene Kinder seid begierig nach der vernünftigen, unverfälschten Milch, damit ihr durch diese wachst zur Errettung, wenn ihr wirklich geschmeckt habt, dass der Herr gütig ist. Zu welchem kommend, als zu einem lebendigen Stein, von Menschen zwar verworfen, bei Gott aber auserwählt, kostbar, werdet auch ihr selbst als lebendige Steine aufgebaut, ein geistliches Haus, zu einer heiligen Priesterschaft, um darzubringen geistliche Schlachtopfer, Gott wohlangenehm durch Jesus Christus. Denn es ist in der Schrift enthalten: ›Siehe, ich lege in Zion einen Eckstein, einen auserwählten, kostbaren; und wer an ihn glaubt, wird *nicht* zuschanden werden.‹ Euch nun, den Glaubenden, ist die Kostbarkeit; den Ungläubigen aber: ›Der Stein, den die Bauleute verworfen haben, dieser ist zum Eckstein geworden‹, und ›ein Stein des Anstoßes und ein Fels des Ärgernisses‹ – die sich, da sie nicht gehorsam sind, an dem Wort stoßen, wozu sie auch gesetzt worden sind. Ihr aber seid ein auserwähltes Geschlecht, eine königliche Priesterschaft, eine heilige Nation, ein Volk zum Besitztum, damit ihr die Tugenden dessen verkündigt, der euch berufen hat aus der Finsternis zu seinem wunderbaren Licht; die ihr einst ›nicht ein Volk‹ wart, jetzt aber ein Volk Gottes seid; die ihr ›nicht Barmherzigkeit empfangen hattet‹, jetzt aber Barmherzigkeit empfangen habt.« (1Petr 2,1-10)

In den vorhergehenden Kapiteln haben wir gesehen, dass Christus das Haupt der Gemeinde ist und wir verpflichtet sind, ihn als Haupt anzuerkennen und seine Führung in der Leitung der Gemeinde zu suchen.

Wir haben auch gesehen, dass alle Gläubigen Glieder am Leib Christi sind. Daraus ergibt sich, dass wir alle wahren Gläubigen als Brüder und Schwestern anerkennen müssen, auch wenn wir in manchen Dingen ein unterschiedliches Verständnis haben. Bezüglich der Prinzipien von Gottes Wort sollten wir einen engen Kreis um uns selbst ziehen, bezüglich unserer Liebe zu Gottes Kindern jedoch einen weiten Kreis.

Wir haben ebenfalls gesehen, dass alle Gläubigen eine Gabe haben. Gott hat jedem von uns eine Gabe gegeben.

In diesem Kapitel wollen wir uns nun mit dem Priestertum aller Gläubigen beschäftigen. Alle Gläubigen sind Priester vor Gott, jede einzelne Frau und jeder einzelne Mann ist ein heiliger Priester. »… werdet auch ihr selbst als lebendige Steine aufgebaut, ein geistliches Haus, zu einer heiligen Priesterschaft, um darzubringen geistliche Schlachtopfer, Gott wohlangenehm durch Jesus Christus.« (V. 5)

Wir sind sogar königliche Priester: »Ihr aber seid ein auserwähltes Geschlecht, eine königliche Priesterschaft, eine heilige Nation, ein Volk zum Besitztum, damit ihr die Tugenden dessen verkündigt, der euch berufen hat aus der Finsternis zu seinem wunderbaren Licht …« (V. 9).

Ein Priester des Alten Testaments musste zum Stamm Levi gehören und Nachkomme Aarons sein; zudem musste er natürlich männlich sein. Aufgabe eines Priesters war es,

Gott sichtbare, materielle Opfer darzubringen; das konnte ein Tier oder auch Getreide sein.

Bei den Opferungen handelte es sich hauptsächlich um rituelle Handlungen. In endlosen Zeremonien, die doch nicht eine einzige Sünde bereinigen konnten, brachten die Priester Opfer dar – zur Sühnung der Sünden, zur Reinigung des Altars und zur Reinigung der Gefäße, die im Tempel verwendet wurden. Der Altar und die Gefäße sündigten natürlich nie, es handelte sich dabei um Rituale, in denen diese Gegenstände kultisch gereinigt und dem Dienst des Herrn geweiht wurden. Doch so viele Tiere auch geschlachtet wurden, so viel Blut auf den Altären auch floss – nicht eine einzige Sünde wurde dadurch gesühnt, und die Schuld des Volkes nicht bereinigt.

Bei den Opfergaben der Priester des Neuen Testaments handelt es sich um ganz andere Opfer, nämlich um geistliche Opfer. Jeder von uns kann geistliche Opfer bringen. Welche Opfer sind das?

Zunächst einmal das *Opfer unseres Leibes*: »Ich ermahne euch nun, Brüder, durch die Erbarmungen Gottes, eure Leiber darzustellen als ein lebendiges, heiliges, Gott wohlgefälliges Schlachtopfer, was euer vernünftiger Dienst ist. Und seid nicht gleichförmig dieser Welt, sondern werdet verwandelt durch die Erneuerung eures Sinnes, dass ihr prüfen mögt, was der gute und wohlgefällige und vollkommene Wille Gottes ist.« (Röm 12,1-2)

Das ist die höchste Form der Anbetung, die wir Gott bringen können. Wir beugen unsere Knie vor Gott und bringen ihm unseren Körper und liefern uns ihm damit völlig aus, geben ihm das Recht, über unser Leben zu bestimmen, mit uns zu machen, was er will. Das ist das Beste, Vernünftigste und Sinnvollste, was wir tun können. Wenn Jesus Christus Gott ist und einen schändlichen Tod am Kreuz für uns starb, dann ist das das Mindeste, was wir tun können.

Genau davor schrecken viele Christen jedoch zurück. C. T. Studd sagte einmal: »Wenn Jesus Christus Gott ist und für mich starb, dann ist kein Opfer zu groß, das ich ihm bringen könnte.« Er fügte hinzu, dass ihm immer bewusst gewesen sei, dass Christus ihn durch seinen Tod erkauft hatte, und dass er, wenn er seinen Körper zu seiner eigenen Freude gebrauchte, ein Dieb sei, denn er würde über etwas verfügen, was ihm gar nicht gehöre. Er sagte: »Als ich das begriff, fiel es mir nicht mehr schwer, dem Herrn mein Leben zu übergeben.«

Das ist das erste Opfer, das wir dem Herrn bringen können. Das zweite ist das *Opfer unseres Lobpreises*: »Durch ihn nun lasst uns Gott stets ein Opfer des Lobes darbringen, das ist die Frucht der Lippen, die seinen Namen bekennen.« (Hebr 13,15)

Wenn wir den Herrn loben und ihn anbeten, dann erfüllen wir den Zweck unseres Daseins auf dieser Erde. Der Westminster Katechismus sagt völlig zu Recht, die vornehmste Bestimmung des Menschen sei, Gott zu verherrlichen und ihn zu genießen in alle Ewigkeit. Indem wir Gott loben, verleihen wir unserer Dankbarkeit für das, was Jesus für uns getan hat, Ausdruck.

Ein weiteres Opfer ist Wohltun bzw. *gute Werke*: »Das Wohltun aber und Mitteilen vergesst nicht, denn an solchen Opfern hat Gott Wohlgefallen.« (Hebr 13,16)

Einige von Euch denken bei »guten Werken« sicher an predigen und evangelisieren oder ähnliche solcher geistlichen Tätigkeiten. Gute Werke sind jedoch all die Werke, die ein Christ im Gehorsam gegenüber Gottes Wort tut, in der Absicht, Gott zu verherrlichen und anderen zu dienen. Wenn Ihr Euch an Eurem Arbeitsplatz so verhaltet, dass Gott geehrt wird, dann tut Ihr ein gutes Werk. Vielleicht meint Ihr jetzt, das sei keine »geistliche« Tätigkeit. Im Gegensatz zu uns unterscheidet Gott jedoch nicht zwischen »geistlichen« und »säkularen« Tätigkeiten; in seinen Augen zählt das als gutes Werk.

Ihr habt also Euren Körper, Euer Lob, Eure guten Werke und Euren Besitz. Denn das »Wohltun aber und Mitteilen vergesst nicht, denn an solchen Opfern hat Gott Wohlgefallen.« (Hebr 13,16)

Ein weiteres Opfer ist also das *Geben*. Es ist eine wunderbare Erfahrung, dem Herrn etwas zu geben, seine Arbeit zu unterstützen und dann zu erleben, dass er sich nichts schenken lässt, und dass alles, was wir ihm geben, vielfach zurückkommt.

Auch unsere Gebete sind ein Opfer für Gott: »Lass als Räucherwerk vor dir stehen mein Gebet, das Erheben meiner Hände als Abendopfer!« (Ps 141,2)

Ist das nicht wunderbar? Und ist es nicht erstaunlich, dass wir hier auf der Erde Dinge tun können, die eine Auswirkung im Himmel haben? Wenn Christen beten, steigt ein wohlriechender Geruch an Gottes Thron auf. Wie kostbar! Das Gebet eines Gläubigen, und sei er noch so unbedeutend, dringt als Rauchopfer zu Gott auf, das Erheben seiner Hände als Speiseopfer.

Eines der Opfer, die wir Gott bringen können, ist natürlich auch unser *Dienst* für ihn. Paulus führt das in Römer 15,16 aus: »... um ein Diener Christi Jesu zu sein für die Nationen, priesterlich dienend an dem Evangelium Gottes, damit das Opfer der Nationen wohlangenehm werde, geheiligt durch den Heiligen Geist.«

Ist das nicht eine wunderbare, erhabene Sicht des Dienstes? Herzukommen und Gott zum Beispiel den Dienst an den Heiden als Opfer darzubringen?

Auch Frauen sind Priester und bringen Gott Opfer dar. Allerdings gibt es im Neuen Testament einige Vorschriften bezüglich des Priesterdienstes, auch wenn alle Gläubigen Priester sind. Diese Vorschriften finden wir in 1. Korinther 14. Dort werden zum Beispiel mindestens sieben Vorschriften genannt, die für diejenigen gelten, die in der Urgemeinde in Zungen reden wollten. Die erste Vorschrift lautet, dass die Sprachenrede nicht gehindert werden darf. Die zweite Vorschrift besagt, dass die Sprachenrede ausgelegt werden muss. Die dritte, dass es pro Versammlung nicht mehr als drei Sprachenreden geben darf. Die nächste, dass das Gesagte der Auferbauung dienen muss. Die nächste, dass Frauen schweigen müssen. Die letzte Vorschrift schließlich besagt, dass alles anständig und in Ordnung zugehen soll.

Übrigens: Wären diese Vorschriften befolgt worden, würde es heute vermutlich keine Bewegung geben, die Zungenreden propagiert. Diese Vorschriften wurden vom Heiligen Geist gegeben. Paulus spricht sich nicht gegen die Sprachenrede an sich aus, sondern gegen ihren Missbrauch. Um einem Missbrauch der Sprachenrede entgegenzuwirken, stellt er – geführt vom Heiligen Geist – diese Vorschriften auf.

Das sind jedoch nicht die einzigen Vorschriften der Bibel. In 1. Timotheus 2 finden wir Vorschriften bezüglich des Priesterdienstes; sie gelten für Männer und Frauen gleichermaßen:

»Ich ermahne nun vor allen Dingen, dass Flehen, Gebete, Fürbitten, Danksagungen getan werden für alle Menschen« (1Tim 2,1).

»Ich will nun, dass die Männer an jedem Ort beten, indem sie heilige Hände aufheben, ohne Zorn und zweifelnde Überlegung.« (1Tim 2,8)

Mit anderen Worten: Wenn ein Mann aufsteht und die Versammlung im Gebet leitet, dann ist es nicht egal, was für ein Leben er führt. Wenn jemand Gott Gebet als Opfer bringt, dann muss er ein heiliges Leben führen: »… heilige Hände aufheben, ohne Zorn und zweifelnde Überlegung.«

Zur Rolle der Frau sagt die Bibel: »Eine Frau lerne in der Stille in aller Unterordnung. Ich erlaube aber einer Frau nicht, zu lehren noch über den Mann zu herrschen, sondern still zu sein, denn Adam wurde zuerst gebildet, danach Eva; und Adam wurde nicht betrogen, die Frau aber wurde betrogen und fiel in Übertretung. Sie wird aber gerettet werden beim Kindergebären, wenn sie bleiben in Glauben und Liebe und Heiligkeit mit Sittsamkeit.« (1Tim 2,11-15)

Somit ist es also zwar völlig richtig, dass sowohl Männer als auch Frauen Priester sind, es ist jedoch ebenso richtig, dass der Geist Gottes die öffentliche Ausübung des

Priesterdienstes auf Brüder beschränkt hat. Das sollte uns keine Probleme bereiten, hat doch Gott den Geschlechtern unterschiedliche Rollen zugeteilt. Welche Rollen hat denn nun eine Frau? Sehr viele; eine davon wird im letzten Vers genannt: gottesfürchtige Kinder aufzuziehen. »Sie wird aber gerettet werden beim Kindergebären …« Hier geht es nicht um die Errettung ihrer Seele, sondern um ihre Stellung in der Gemeinde. Die vorangehenden Verse könnten den Eindruck erwecken, dass Frauen keine Rolle in der Gemeinde spielen, dem ist jedoch nicht so. Eine Frau wird durch das Kindergebären gerettet – durch das Erziehen ihrer Kinder zu Gott hin. Interessanterweise spricht der erste Vers des nächsten Kapitels davon, dass jemand, der das Amt eines Ältesten begehrt, ein schönes Werk begehrt. In der Originalversion des Briefes gibt es natürlich keine Kapitel und damit keine Unterbrechung des Textes.

Deshalb glaube ich, dass Frauen den wichtigsten Dienst überhaupt haben. Wir meinen immer, der öffentliche Dienst sei der wichtigste. Ich bin mir sicher, dass das nicht richtig ist; Gott hat ganz andere Prioritäten. Denken wir an eine Frau wir Susanna Wesley, die 19 Kinder zur Ehre Gottes erzogen hat. Zu ihren Söhnen gehören John Wesley, der England durch seinen Dienst vor einer Revolution bewahrt hat, und Charles Wesley, dem wir viele wunderbare Lieder verdanken. Bereits ein einziges dieser Lieder hätte sein Leben zu einem gesegneten gemacht. Hinter all dem stand Susanna Wesley. Das meine ich ernst. Ich bin der festen Überzeugung, dass der höchste Dienst, den Gott einem Menschen geben kann, der Dienst der Frau im Aufziehen gottesfürchtiger Kinder ist.

Wenden wir uns nun einem anderen Thema zu, und zwar dem klerikalen System. Wir, die wir in der heutigen Zeit leben, haben Mühe, uns objektiv mit diesem Thema zu beschäftigen; schließlich gibt es das klerikale System seit Hunderten von Jahren und wir sind daran gewöhnt, dass eine Gemeinde von einer einzigen Person geleitet wird. Das Neue Testament kennt jedoch keine Unterscheidung zwischen Klerikern und Laien, also zwischen sogenannten ordinierten Geistlichen und nicht-ordinierten Gläubigen. Bei den ersten Christen gab es keine ordinierten Geistlichen – ein solches Amt entstand erst im Laufe der Kirchengeschichte, vermutlich in der zweiten oder dritten Generation von Gläubigen, und hat sich bis heute erhalten.

In Philipperbrief schreibt Paulus »allen Heiligen in Christus Jesus … mit den Aufsehern und Dienern«. Paulus spricht hier die Heiligen, die Aufseher und die Diener an. Einen Pastor oder Pfarrer erwähnt er nicht. Hätte es einen solchen gegeben, hätte Paulus ihm ebenfalls Grüße gesandt; Paulus war schließlich ein höflicher Mensch!

Eine solche Person wird jedoch deshalb nicht erwähnt, weil es sie nicht gab. Manche Bibelausgaben bezeichnen Timotheus in einer Fußnote als den ersten Bischof der Gemeinde in Ephesus und Titus als den ersten Bischof der Gemeinde in Kreta. Beides ist jedoch völlig unzutreffend. Weder Timotheus noch Titus blieben an ein und demselben Ort; sie wurden von Paulus immer dorthin gesandt, wo Schwierigkeiten auftraten. Auch Paulus selbst blieb nie lange an einem Platz. Die längste Zeit, die er in seinem Dienst je an einem Ort blieb, umfassten zwei Jahre in Ephesus. Alles in allem verbrachte er in Ephesus zwar drei

Jahre, jedoch nur zwei davon am Stück. Schon allein daran sehen wir, dass das klerikale System dem Neuen Testament fremd ist.

Nicht nur das, Gott hasst es sogar. Offenbarung 2 spricht von den Nikolaiten: »Aber dieses hast du, dass du die Werke der Nikolaiten hassest, die auch *ich* hasse.« (Offb 2,6)

Das Wort »Nikolaiten« bedeutet »Sieg über die Laien«. Durch all die Jahrhunderte hindurch hat sich eine Gruppe von Menschen über die Laien erhoben, hat den Gläubigen vorgeschrieben, was sie zu glauben und wie sie ihren Glauben zu leben haben. Gott hasst das!

Und in Offenbarung 2,15 heißt es: »So hast auch *du* solche, die in gleicher Weise die Lehre der Nikolaiten festhalten.«

Es ist bemerkenswert, dass Gott hier zweimal über dieselbe Sache redet und deutlich macht, dass sie ihm zuwider ist. Warum ist sie ihm so verhasst? Weil sie den Zweck ignoriert, zu dem die Gaben der Gemeinde gegeben wurden. Wir haben bereits gehört, dass die Gaben gegeben wurden, um die Heiligen zum Werk des Dienstes auszurüsten. Das Werk des Dienstes gehört den Heiligen, jedem einzelnen Kind Gottes, und jedem, der an den Herrn Jesus glaubt.

In einem klerikalen System besteht zudem die Gefahr, dass sich die Gläubigen statt um Christus um einen Menschen versammeln. Wie häufig kommt es vor, dass Gemeindeglieder mit Zuneigung oder gar Verehrung von ihrem Pastor sprechen. Gott möchte seine Ehre mit niemandem teilen. Wenn Menschen eine Position einnehmen, die nur Gott zusteht und dadurch Gottes Ehre schmälern, dann bleibt Gott oft nichts anderes übrig, als die Ehre und den Stolz dieser Menschen zunichtezumachen.

Jesus Christus selbst ist das Zentrum der Gemeinde, derjenige, um den die Gemeinde sich versammelt. Wenn eine Gemeinde begreift, dass sie sich um Christus versammelt, dann verleiht ihr das Stabilität, dann gehen Menschen in diese Gemeinde, weil sie wissen, dass Christus dort ist. Er hat doch selbst gesagt: »Denn wo zwei oder drei versammelt sind in *meinem* Namen, da bin ich in ihrer Mitte« (Mt 18,20). Manchen Menschen fällt es schwer, dieses »da bin ich in ihrer Mitte« zu begreifen. Nimm im Glauben an, dass Jesus anwesend ist, wenn Du Dich mit anderen Gläubigen versammelst, um ihn anzubeten. Wohl ist es wahr, dass Jesus immer und überall gegenwärtig ist. Aber wenn Ihr Euch in seinem Namen versammelt, dann ist er auf ganz spezielle Weise zugegen.

Ein Bauer und seine Frau gehörten zu einer kleinen Gemeinde. Durch die Fenster des Versammlungsraums konnten sie ihren Hof sehen. Eines Tages, als der Mann seinen Kopf in Anbetung geneigt hatte, blickte die Frau kurz zum Fenster hinaus und sah, dass ihre Scheune brannte. Sie stieß ihren Mann an: »Unsere Scheune brennt!« Er erwiderte: »Sei still! Der Herr ist hier!« Würden wir das wirklich glauben, würde das unsere Zusammenkünfte verändern. Dieser Bauer glaubte dem Wort Gottes. Er nahm im Glauben an, dass der Herr auf spezielle Weise anwesend war, und ohnehin würde er das Feuer nicht löschen können; hatte er doch nichts als einen Gartenschlauch. Es gibt keine größere Motivation, regelmäßig an den Zusammenkünften der Gemeinde teilzunehmen, als das Wissen um die Gegenwart des Herrn!

Bedenken wir auch, dass es einem einzelnen Menschen gar nicht möglich ist, die Vielfalt an Lehre zu bieten, die der Heilige Geist einer ganzen Gruppe von Brüdern schenkt. Es gehört zu meinen frühesten Erinnerungen, wie sich die Gläubigen versammelt haben, um gemeinsam Gottes Wort zu lesen und sich anschließend darüber auszutauschen. So haben sie zum Beispiel miteinander das Buch Jesaja gelesen und dann über das gesprochen, was der Herr ihnen gezeigt hat. Es gibt nichts Kostbareres als die Freiheit, sich über Gottes Wort auszutauschen!

Das klerikale System hindert die Ausübung der Gaben in der Gemeinde. Vor allem Euch jungen Leuten möchte ich es zurufen: Ihr habt in Euren Gemeinden die Möglichkeit, Eure Gaben in einer Weise einzubringen, die Ihr in den großen Kirchen nicht hättet! Dort würden Eure Gaben ungenützt verkommen. Deshalb stellt Euch Eurer Verantwortung und nutzt die Möglichkeiten, die Ihr in unseren Gemeinden habt!

Nicht nur das: Das klerikale System hindert auch die Weltmission. James Stewart sagte, dass die Welt niemals so evangelisiert werden kann, wie Gott das will, solange es ein klerikales System gibt.

Die folgenden Zitate stammen von Männern, die das klerikale System ablehnen:

Alexander MacLaren sagt: »Ich bin überzeugt davon, dass es zum Schaden der Gemeinde ist, wenn öffentliches Lehren auf eine offiziell benannte Gruppe beschränkt wird. Warum sollte immer derselbe reden, während hundert andere, die genauso viel zu sagen hätten, still zuhören, oder zumindest so tun, als hörten sie zu?«

J.I. Packer schreibt in seinem Buch *Gott erkennen*: »Unter Klerikalismus verstehe ich jene Mischung aus Verschwörung und Tyrannei, gemäß der der Pastor postuliert und die Gemeinde toleriert, dass jeglicher geistliche Dienst Aufgabe des Pastors ist und nicht von der Gemeinde selbst ausgeübt werden kann. Diese Vorstellung ist nicht nur prinzipiell falsch, sondern führt auch dazu, dass der Heilige Geist unterdrückt wird.« Wohlgemerkt, das stammt nicht von mir, sondern von J.I. Packer.

John Stott, ein anglikanischer Geistlicher, fragt: »Welches Modell von Gemeinde sollten wir uns also vorstellen? Das traditionelle Modell entspricht einer Pyramide; der Geistliche schwebt an der Spitze und stellt für seine Gemeinde eine Art kleiner Papst dar, während die Gemeindeglieder als minderwertige Laien unter ihm stehen. Das ist absolut unbiblisch; nirgends im Neuen Testament ist von einem einzelnen Hirten und einer folgsamen Herde die Rede, im Gegenteil, das Neue Testament macht sehr deutlich, dass eine Gemeinde mehrere Aufseher haben soll und dass jedes Glied einen Dienst in der Gemeinde hat.«

Donald Gray Barnhouse, ehemals Pastor einer presbyterianischen Kirche in Philadelphia, sagt: »Bis Ende des 1. Jahrhunderts hatte sich in der Kirche eine Gruppe etabliert, die den Sieg über die Laien errungen hatte, indem sie für sich selbst die Vorherrschaft beanspruchte, obwohl Petrus genau davor gewarnt hatte. Das Sendschreiben an die Gemeinde in Ephesus in Offenbarung 2 spricht von den

Nikolaiten, deren griechischem Namen wir entnehmen können, dass sie den Laien gegenüber eine Vormachtstellung eingenommen hatten. Dort lesen wir auch, dass Gott die Werke derjenigen hasst, die im Leib Christi über andere herrschen oder es befürworten.«

Leighton Ford, Billy Grahams Schwager, sagt: »Wenn wir das Neue Testament ernst nehmen, wird sich unser komplettes Vokabular bezüglich der Aktivitäten der Gemeinde verändern. Wie Richard Haverson ausgeführt hat, ist die Antwort auf die Frage, wie viele verantwortliche Mitarbeiter eine Gemeinde hat, im Allgemeinen ›einer‹ oder ›zwei‹ oder auch mehr, je nach Anzahl der bezahlten Mitarbeiter, richtig wäre jedoch ›zweihundert‹ oder ›zweitausend‹, je nachdem, wie viele Mitglieder die Gemeinde hat. Jeder Gläubige ist ein Diener Gottes.« Man möchte meinen, das hätte jemand aus unseren Reihen gesagt. Doch dem ist nicht so, das war Leighton Ford. Seiner Ansicht nach limitiert sich die Kirche selbst, wenn sie Evangelisation den Spezialisten – also den Pastoren und Evangelisten – überträgt und damit nicht nur die Absicht ihres Hauptes, sondern auch die Praxis der ersten Christen ignoriert.

Auch E. Stanley Jones, Pastor der Methodisten und Missionar in Indien, hat sich zu diesem Thema sehr eindeutig geäußert: »Die Gemeinde in Antiochien wurde von Laien gegründet, von Laien geleitet und von Laien über die ganze Welt verbreitet. Das ist für die Erneuerung der heutigen Gemeinde wichtig. Die nächste große Erweckung wird von den Laien ausgehen. Bisher lag der Schwerpunkt auf den Geistlichen, in Zukunft wird er auf den Laien liegen. Wir Pastoren, Missionare und Evangelisten werden die Welt nicht für den Herrn gewinnen können – dazu sind wir zahlenmäßig zu wenig. Und selbst wenn wir es könnten, wäre es nicht gut, denn es würde die Laien um das geistliche Wachstum und die geistliche Entfaltung bringen, die durch das Evangelisieren entstehen. Es wird uns jedoch nicht gelingen, die Laien für die Verbreitung des Evangeliums verantwortlich zu machen, wenn wir sie dazu auffordern, den Pastor zu unterstützen. Ihre innere – und oftmals auch äußere – Reaktion wird sein: ›Warum sollten wir? Das ist seine Aufgabe; dafür wird er ja schließlich bezahlt!‹ Allein schon die Struktur der Kirche bewirkt Anonymität. Von der Gemeinde wird erwartet, dass sie still ist und aufmerksam zuhört, vom Pastor wird erwartet, dass er dynamisch und offensiv ist. Es liegt in der Natur der Sache, dass wir uns dadurch passive Zuschauer heranziehen, teilnahmslose Beobachter, die keinen aktiven Part im Geschehen übernehmen. Männer und Frauen, die unter der Woche Entscheidungsträger und Meinungsbildner sind, möglicherweise große Firmen leiten, sollen am Sonntag ihr Engagement und ihre Verantwortung an der Garderobe abgeben und sich berieseln lassen. Und dann erwarten wir auch noch, dass ihnen das gefällt! Ein ›Vielen Dank für die gute Predigt!‹ ist die einzige Möglichkeit der Beteiligung; mehr erwarten wir gar nicht und deshalb bekommen wir auch nicht mehr.«

Weiter sagt Jones: »Alle Gläubigen sind zum Zuschauen verurteilt, während der Klerus auf dem Spielfeld mit dem Spiel beschäftigt ist. Schießt der Geistliche ein Tor, erhält er Beifall: ›Ein guter Pastor! Hoffentlich bleibt er uns lange erhalten!‹ Diese Struktur muss sich grundlegend ändern. Die Laien müssen ihre Zuschauerrolle aufgeben und einen aktiven Part auf dem Spielfeld einnehmen, der Klerus hingegen muss sich an den Rand des Feldes zurückziehen und die Rolle des Trainers übernehmen. Die sogenannten Geistlichen müssen Führer sein, müssen ein primär aus Laien bestehendes Team motivieren und geistlich unterstützen. Werten wir den Klerus damit ab? Im Gegenteil, wir werten ihn auf. Trainer zu sein ist wichtiger, als Spieler zu sein. Zehn Leute zur Arbeit zu motivieren bringt mehr, als die Arbeit von zehn Leuten zu tun.«

Es ist Euch wahrscheinlich aufgefallen, dass viele dieser Zitate die Begriffe »Klerus« und »Laien« enthalten. Diese Begriffe kommen im Neuen Testament so natürlich nicht vor, aber Ihr wisst sicher, was damit gemeint ist.

Brian Green sagt: »Die Zukunft des Christentums und der Weltevangelisation liegt vor allem in den Händen gewöhnlicher Männer und Frauen, und nicht in der von offiziellen Würdenträgern.«

Harnack stellt die Behauptung auf, dass die größten Erfolge der Urgemeinde zu Beginn des Römischen Reiches auf inoffizielle Missionare und nicht auf Prediger oder Lehrer oder Apostel zurückzuführen sind.

Und hier ein Zitat von J. A. Stewart: »Zur Zeit der Apostel war es allen Gläubigen ein Anliegen, Menschen für Christus zu gewinnen und diese Frischbekehrten dann in die Ortsgemeinde zu integrieren. Dort wurden sie unterwiesen und im Glauben an ihren Erlöser gestärkt, bis sie dann selbst hinausgingen und Zeugnis gaben.«

All diese Zitate stammen nicht von Gliedern einer kleinen neutestamentlichen Gemeinde, wie wir vielleicht vermuten würden, sondern von Männern, die Teil des klerikalen Systems sind, und die dennoch der Überzeugung sind, dass dieses System ein Holzweg ist.

In einer Zeit, in der viele evangelische Christen dem klerikalen System den Rücken kehren, wenden sich viele neutestamentliche Gemeinden mit Ältesten und Diakonen eben diesem System zu. Sie stellen jemanden ein, der ihre religiösen Pflichten ausübt; sie wollen einen offiziellen Geistlichen, genau wie die großen Kirchen. Man könnte sagen, sie springen in dem Moment auf den Zug auf, in dem dieser seine Fahrt verlangsamt.

Was sollen wir über die gottesfürchtigen Männer denken, deren Predigten wir im Rundfunk hören? Ich danke Gott für Männer wie zum Beispiel John MacArthur oder Vernon McGee, es freut mich von ganzem Herzen, wenn ich sie im Radio sprechen höre, wenn ich Gottes Wort durch sie verkündet sehe. Und doch gibt es etwas Besseres; Gott hat einen besseren Plan. Er stellt sich schlichte neutestamentliche Gemeinden mit mehreren Ältesten und Diakonen vor, mit Gläubigen, die allesamt an dem Platz, an den Gott sie gestellt hat, Zeugnis ablegen, erleben, wie Menschen sich bekehren und der Gemeinde hinzugetan werden, wo sie geistliche Nahrung bekommen, wachsen und dem Herrn dienen können.

Mit einem Pastorenamt sind auch immer Probleme verbunden, die durch die Bezahlung des Pastors entstehen. Auf jedem theologischen Seminar kann man Kurse in Pastoralpsychologie oder Ähnlichem belegen, in denen man lernt, welches Gehalt man zu erwarten hat, wie man einen Arbeitsvertrag abschließt, was dieser beinhalten sollte, ob z.B. Hochzeiten und Beerdigungen gesondert vergütet werden, ob man eine Dienstwohnung oder einen Dienstwagen erhält, etc. Die Vorstellung eines bezahlten Pastors ist dem Neuen Testament jedoch völlig fremd, denn wer zahlt, schafft an. Oder mit anderen Worten: Bei alldem muss bedacht werden, dass der Geldgeber die Botschaft beeinflussen könnte. Vor einigen Jahren lernte ich am *Emmaus Bible College* den Pastor einer großen Freikirche kennen. Er meinte: »Ich würde das Evangelium gerne genauso wie ihr predigen, aber meine Leute wollen es so nicht hören; sie wollen es so einfach nicht hören.« Über kurz oder lang verließ er die Gemeinde und nahm eine Stelle als Öffentlichkeitsreferent bei *General Motors* an.

Diejenigen, die das Gehalt bezahlen, fordern oft einen Leistungsnachweis. So muss ein angestellter Pastor gegenüber dem Kirchenvorstand oder der Kirchenleitung Rechenschaft über seine Tätigkeiten ablegen. Was hat sich im vergangenen Jahr ereignet? Ist die Gemeinde gewachsen? Wie viele Mitglieder sind durch Zuzug dazugekommen, wie viele durch Taufen, etc.? Nun kann es durchaus sein, dass der Pastor das ganze Jahr über gepredigt hat, und es ist nichts geschehen. Bekehrungen lassen sich nun mal eben nicht produzieren. Eine derartige Leistungskontrolle birgt jedoch die sehr reale Gefahr, dass die Botschaft verwässert wird, oder dass das Evangelium auf Kosten der Wahrheit attraktiv gemacht wird, um Zahlen und Fakten vorweisen zu können, und dass das eine oder andere Thema vermieden wird, um keinen Anstoß zu erregen.

Wie war das damals im Neuen Testament? Die Männer des Neuen Testaments zogen aus im Glauben. Sie vertrauten darauf, dass Gott, der sie gerufen hatte, sie auch versorgen würde. Um die Finanzen machten sie sich keine Sorgen. Paulus schreibt aus dem Gefängnis in Philippi: »Ich habe aber alles empfangen und habe Überfluss; ich bin erfüllt …« (Phil 4,18). Er hatte die finanzielle Gabe der Philipper erhalten, die ihm durch Epaphroditus überbracht worden war. Es ist heute nur schwer nachvollziehbar, dass eine Gemeinde wie die Eure jemanden aufs Missionsfeld senden kann und derjenige ausziehen kann in der Gewissheit, dass er gerufen ist und Gott für seine Bedürfnisse sorgen wird. Genau so stellt Gott sich das jedoch vor. Hudson Taylor sagte einmal, dass Gott immer bezahlt, was er bestellt. Wie wahr! Wenn Ihr Euch sicher seid, dass Gott Euch gerufen hat, dann braucht Ihr Euch um die Finanzen keine Gedanken zu machen.

Seit über 50 Jahren lebe ich auf diese Weise; ich erwarte von Gott, dass er für mich sorgt. Keinen Augenblick habe ich mir Gedanken darüber gemacht, woher das Geld kommen könnte. Ich wusste und weiß nie, woher das Geld kommt, aber ich kenne Gott, und ich weiß, dass er mich versorgen wird. Er hat mich nie enttäuscht! Ich konnte als Vollzeitarbeiter des Herrn mehr Geld in das Werk des Herrn investieren, als ich das zu meiner Zeit als Investmentanalyst bei der Bank von Boston konnte. Ich sage Euch, Gottes Plan ist der beste!

Wenn ein Pastor ein festes Gehalt erhält, steht er immer

in der Versuchung, den Ruf in eine größere Gemeinde mit einem größeren Gehalt als Ruf Gottes zu interpretieren. Auch ein Pastor ist nur ein Mensch und sollte sich deshalb dieser Versuchung bewusst sein.

5. Mose 15,18 sagt uns, dass ein leibeigener Sklave doppelt so viel wert ist wie ein Tagelöhner: »Es soll nicht schwer sein in deinen Augen, wenn du ihn [den Sklaven] frei von dir entlässt; denn was an Wert das Doppelte des Lohnes eines Tagelöhners ausmacht, hat er dir sechs Jahre lang gedient; und der HERR, dein Gott, wird dich segnen in allem, was du tust.«

Der Unterschied zwischen einem Sklaven und einem Tagelöhner besteht darin, dass der Sklave seinem Herrn gehört. Ein Tagelöhner arbeitet gegen Bezahlung. Aus diesem Vers sehen wir, dass ein Sklave, also jemand, der seinem Herrn gehört und ihn liebt und ihm aus Liebe dient, doppelt so viel wert ist wie ein bezahlter Arbeiter. Das galt damals und das gilt auch heute noch. Diejenigen, die dem Herrn dienen, weil sie ihm dienen wollen, sind doppelt so wertvoll, ihr Dienst bewirkt doppelt so viel, wie der Dienst diejenigen, die dafür bezahlt werden.

Es genügt nicht, wenn wir uns buchstabengetreu an das Neue Testament halten. Wir könnten uns damit zufriedengeben, dass wir jede Woche des Herrn gedenken. Gut für uns! Wir könnten uns damit zufriedengeben, dass wir an der Taufe durch Untertauchen festhalten. Gut für uns! Und so könnten wir unsere Liste abarbeiten und feststellen, dass wir in jedem einzelnen Punkt mit dem Neuen Testament übereinstimmen. Gut für uns! Und dennoch: nicht gut genug! Wir brauchen die Kraft des Neuen

Testaments! Wir müssen im Geist wandeln. Wir müssen mit dem Geist Gottes erfüllt sein, wenn wir brauchbar für den Herrn sein wollen.

Mit dem Geist Gottes erfüllt sein heißt, dem Herrn zur Verfügung zu stehen, und bereit zu sein, sich von ihm so gebrauchen zu lassen, wie er das möchte. Ihr könnt nur dann mit dem Geist Gottes erfüllt sein, wenn Ihr mit dem Wort Gottes erfüllt seid, wenn Ihr Männer und Frauen des Gebets seid, wenn Ihr Männer und Frauen seid, die opferbereit für die Verbreitung des Evangeliums leben. Das ist das, was für Gott wirklich zählt. Wir müssen uns fortwährend daran erinnern, dass Gott nicht an Ritualen interessiert ist, und dass ihm äußerliche Bußübungen gleichgültig sind. Gott interessiert sich für unser Herz, dafür, wie es wirklich in uns aussieht. Ja, er möchte, dass wir uns an das halten, was im Neuen Testament steht, das ist ihm sogar sehr wichtig, aber was die Welt wirklich benötigt, ist die Kraft des Neuen Testaments.

Heute wird oft gesagt, dass es nicht genügt, das Evangelium zu verkündigen. Wohl, das Evangelium soll verkündigt werden, aber diese Verkündigung muss von Wundern begleitet sein. Mit Wundern ist gemeint, dass Tote auferstehen, Kranke geheilt und Blinde sehend werden und dergleichen. In gewisser Weise haben sie sogar recht. Die Welt braucht Wunder, das Wunder eines veränderten Lebens. Eine Versammlung, deren Glieder durch die Gnade Gottes Veränderung erfahren haben, hat Auswirkungen auf die Welt um sie herum.

Betet für die Menschen, die Teil des klerikalen Systems sind! Ich liebe sie! Ich liebe sie im Herrn! Trotzdem glaube ich, dass es etwas Besseres gibt, nämlich Menschen, die sich in aller Einfalt um den Herrn versammeln, von denen jeder die Bibel studiert, jeder einzelne Zeugnis für den Herrn ablegt und jeder dem Wort Gottes gehorsam ist.

GEBET: Vater, wir danken dir für dein Wort. Wir denken daran, wie weit sich die Gemeinde im Lauf der Jahrhunderte davon entfernt hat, und wie viel an Überlieferung hinzugefügt wurde. Wir denken an all das, was in den Köpfen so festsitzt, dass es nicht mehr wegzudenken ist. Bitte lass uns dich in deinem Wort erkennen, lass uns hören, was du uns sagen möchtest und lass uns gehorsam sein in dem, was du uns gezeigt hast. Das bitten wir dich im Namen deines Sohnes. Amen.

Kapitel 4

»Was sollen wir nun sagen? Sollten wir in der Sünde verharren, damit die Gnade überströme? Das sei ferne! Wir, die wir der Sünde gestorben sind, wie sollten wir noch darin leben? Oder wisst ihr nicht, dass wir, so viele auf Christus Jesus getauft worden sind, auf seinen Tod getauft worden sind? So sind wir nun mit ihm begraben worden durch die Taufe auf den Tod, damit, so wie Christus aus den Toten auferweckt worden ist durch die Herrlichkeit des Vaters, so auch *wir* in Neuheit des Lebens wandeln. Denn wenn wir mit ihm einsgemacht worden sind in der Gleichheit seines Todes, so werden wir es auch mit der seiner Auferstehung sein, da wir dieses wissen, dass unser alter Mensch mitgekreuzigt worden ist, damit der Leib der Sünde abgetan sei, dass wir der Sünde nicht mehr dienen. Denn wer gestorben ist, ist freigesprochen von der Sünde.« (Röm 6,1-7)

Taufe

Unser Herr setzte die Taufe ein, als er seinen Jüngern den Befehl zur Mission gab: »Geht nun hin und macht alle Nationen zu Jüngern und tauft sie auf den Namen des Vaters und des Sohnes und des Heiligen Geistes und lehrt sie, alles zu bewahren, was ich euch geboten habe! Und siehe, *ich* bin bei euch alle Tage bis zur Vollendung des Zeitalters.« (Mt 28,19-20). Der Auftrag zur Taufe wurde in den Evangelien gegeben und in der Apostelgeschichte ausgeführt. Durch die ganze Apostelgeschichte hindurch sehen wir, dass diejenigen, die ihr Vertrauen auf Jesus gesetzt hatten, auf seinen Namen getauft wurden.

In den Briefen finden wir dann die Erläuterung der Taufe, also die biblische Lehre bzw. die geistliche Bedeutung. Um diese zu erklären, verwende ich gerne drei Begriffe: Treueeid, Begräbnis und Hingabe.

Die Taufe ist ein *Treueeid* gegenüber unserem Herrn Jesus. Soldaten, die ihren Treueeid leisten, geloben, ihrem Land treu zu dienen. Nichts anderes tun wir in der Taufe: Wir geloben unserem Herrn die Treue, bekennen uns vor Gott und Menschen zu ihm, und sagen in aller Öffentlichkeit, dass wir Christus gehören und er uns.

Taufe bedeutet auch *Begräbnis*. In Römer 6 lesen wir vom Tod des alten Menschen, unserer alten Natur: »Denn wenn wir mit ihm einsgemacht worden sind in der Gleichheit seines Todes, so werden wir es auch mit der seiner Auferstehung sein …« (Röm 6,5). Wir sind jetzt eine neue Kreatur in Christus und zumindest geistlich gesehen ist der alte Mensch begraben. Als Christus am Kreuz starb, starb er nicht nur für mich, er starb auch als mein Stellvertreter. Er starb nicht nur meinetwegen, er starb anstelle von mir. Als er starb, starb ich in ihm. Als er begraben wurde, wurde ich in ihm begraben. Und als er auferstand, bin auch ich in ihm auferstanden.

Taufe bedeutet auch *Hingabe* bzw. die Bereitschaft, in einem neuen Leben zu wandeln. Taufe ist weit mehr als ein rituelles Untertauchen unter Wasser, oder als ein Eintauchen in Wasser. Taufe ist das öffentliche Bekenntnis, mit Gottes Hilfe und durch seine Gnade ein neues Leben führen zu wollen, und in Zukunft allein dem Herrn verpflichtet zu sein.

Viele Christen meinen, mit der Taufe sei nun alles in trockenen Tüchern. Die Taufe ist jedoch nicht das Ende, sondern der Anfang. Unsere Taufe hat Auswirkungen auf unseren Alltag. Es genügt nicht, sich mit Wasser taufen zu lassen, wir müssen dann auch ein »getauftes Leben« führen. Dieses Leben beginnt mit der Taufe und geht kontinuierlich weiter. Wir führen unser Leben nun als solche, die mit Christus gestorben sind. Solche, die der Sünde nicht mehr dienen.

Ist Euch aufgefallen, dass in Römer 6 steht, wer gestorben sei, sei freigesprochen von der Sünde? Luther übersetzt das mit »frei geworden von der Sünde«. Frei geworden? Ich sündige täglich in Gedanken, Worten und Taten. Vielleicht hilft es Euch, wenn Ihr Euch zu diesem Vers eine Notiz an den Rand Eurer Bibel macht: »frei geworden von der Herrschaft der Sünde«. Das ist die Bedeutung dieses Verses, wie es uns auch der Rest dieses Kapitels erklärt. Über ein Kind Gottes hat die Sünde keine Macht mehr. Auch über Euch soll die Sünde keine Macht mehr haben, denn Ihr seid nicht mehr unter dem Gesetz, sondern unter der Gnade. Jemand, der unter dem Gesetz ist, ist geknechtet, unfrei. Jemand, der unter der Gnade ist, ist frei, ungebunden. Er ist frei, das zu tun, was er tun will, denn das, was er will, ist das, was auch Christus möchte. Und was Christus will, ist Gottes Wille. Für die neue Natur gibt es nichts Schöneres, als Gottes Willen zu tun.

Glaubt also ja nicht, mit der Taufhandlung sei alles abgeschlossen. Die Taufe ist nicht das Ende, sondern der Anfang; mit dem Bekenntnis zu Jesus in der Taufe beginnt Euer Leben für ihn, ein Leben der Trennung von Sünde und Welt und der Hingabe an Gott.

Die Taufe ist sehr wichtig. Ihr müsst Euch nicht taufen lassen, um errettet zu werden. Ihr müsst Euch jedoch taufen lassen, um gehorsam zu sein. Wenn Ihr durch die Gnade Gottes errettet seid und Euch der Taufe widersetzt, dann seid Ihr in alle Ewigkeit ungetauft. Im Himmel gibt es keine Taufbecken. Dank des Verdienstes unseres Herrn kommt Ihr auch ungetauft in den Himmel und doch möchte ich noch einmal wiederholen, dass Ihr dann in Ewigkeit ungetauft bleibt. Es gibt keine Möglichkeit, das in der Ewigkeit nachzuholen. Die Taufe gehört zu jenen gesegneten Dingen, die wir auf dieser Erde tun können, um den Herrn zu erfreuen.

Wenn Ihr Euch Christus als Eurem Herrn anvertraut, dann ist das für Satan nicht zwingend ersichtlich. Satan ist weder allwissend noch allgegenwärtig, noch ist er allmächtig. Er weiß nicht über alles Bescheid. Wenn Ihr Euch jedoch taufen lasst, dann bleibt ihm das nicht verborgen, denn den Akt der Taufe kann er sehen. Die Taufe ist ein öffentliches Geschehen. In vielen Ländern und Kulturen, in denen andere Religionen überwiegen, ist es möglich, an Christus zu glauben, ohne verfolgt zu werden. Sobald sich ein Gläubiger jedoch taufen lässt, wird er verfolgt und nicht selten sogar umgebracht. Selbst in unserem Kulturkreis kommt es häufig genug vor, dass Eltern ihren Kindern drohen, sie aus dem Haus zu werfen, wenn sie sich taufen lassen. Auch in diesem Land gibt es einen gewissen Grad an Verfolgung und eine antichristliche Intoleranz.

Wenn Ihr an Taufe denkt, dann denkt also an Treueeid, Begräbnis und Hingabe.

Das Abendmahl

Eine weitere Einsetzung im christlichen Glauben ist das Abendmahl oder auch Brotbrechen. Das Abendmahl ist der Mittelpunkt der Anbetung der Gemeinde. Es wurde von unserem Herrn in Lukas 22 eingesetzt. In der Nacht, in der er verraten wurde, versammelte er seine Jünger um sich. Gemeinsam feierten sie das letzte Passahfest. Dabei setzte er das Abendmahl ein. Er nahm das Brot als Zeichen seines Leibes, der auf Golgatha gegeben werden würde. Und er nahm den Kelch mit dem Wein, dem Symbol seines Blutes, das er für Dich und mich vergießen würde.

Ich verstehe selbst nicht, wie ich das sagen kann, ohne völlig verwundert zu sein, ohne absolut erstaunt, ja, geradezu sprachlos zu sein. O Wunder aller Wunder! Der im Fleisch geoffenbarte Gott ging ans Kreuz, gab seinen Leib hin und goss sein Leben aus für Dich und mich. Oder anders formuliert: Dein Gott starb für Dich. Wir jedoch sehen das ganz locker, nehmen es ganz beiläufig hin, und können deshalb einfach zur Tagesordnung über- und unserem normalen Leben nachgehen. Würden wir diese Wahrheit wirklich erfassen, wäre unser Leben nicht mehr dasselbe.

Paulus sagt zu den Ältesten in Ephesus: »… die Versammlung Gottes zu hüten, die er sich erworben hat durch das Blut seines Eigenen.« (Apg 20,28). Ich glaube, dass dieser Vers in der Bibel steht, um uns aufzuschrecken und uns mit erschütternder Deutlichkeit bewusst zu machen, was auf Golgatha geschehen ist. »Versammlung Gottes …, die er sich erworben hat durch das Blut seines Eigenen.« Wessen Blut? Gottes Blut.

Eins meiner Lieblingslieder ist von Charles Wesley: »Ja, kann es sein, dass ich gewänn' ein Anrecht an des Heilands Blut? Starb er für mich, der ihn verlacht, für mich, der ihn ans Kreuz gebracht? O große Lieb', unfassbar ist, dass du für mich gestorben bist!« Wir singen das, aber ist uns wirklich bewusst, was wir da singen?

Zu allen Zeiten gab es Menschen, die für ihren Gott gestorben sind, aber niemals zuvor ist ein Gott für die Menschen gestorben. Genau das ist auf Golgatha geschehen. Und er hat uns dazu aufgefordert, uns zu versammeln und an ihn zu denken, indem wir das Brot brechen und den Wein trinken, so wie er es im Lukasevangelium eingesetzt hat und wie es in der Apostelgeschichte praktiziert wird (Apg 20,7). Wenn Paulus auf Reisen war, wusste er sehr genau, wohin er zu gehen hatte – dorthin, wo die Gläubigen am 1. Tag der Woche des Herrn gedenken.

Selbstverständlich wird das Abendmahl dann in den Briefen näher erläutert: »Denn sooft ihr dieses Brot esst und den Kelch trinkt, verkündigt ihr den Tod des Herrn, bis er kommt.« (1Kor 11,26). Ich möchte noch einmal betonen, dass es sich dabei nicht um ein bloßes Ritual handelt. Wenn wir zusammenkommen, um das Brot zu brechen, hören wir ihn zu uns sprechen durch das Wort »Dies ist mein Leib, der für euch ist …« Die einzig angemessene Antwort auf diese unglaubliche göttliche Liebe wäre: »Herr, das ist mein Leib, für dich gegeben.« Und doch schrecken wir davor zurück. Wir leben unser unbedeutendes Leben nach unserem Belieben und fragen herzlich wenig danach, was Gott von uns will.

Das sind also die beiden Einsetzungen des christlichen Glaubens – Taufe und Abendmahl. Sie führen uns fast automatisch zu unserem nächsten Thema: die Anbetung.

Anbetung ist etwas absolut Essenzielles. Schaut Euch Johannes 4,23 an. Wenn Ihr diesen Vers aufmerksam lest, werdet Ihr feststellen, dass es nicht Arbeiter sind, die der Vater sucht, sondern Anbeter.

Manche Menschen meinen nun, Gott sei egoistisch, wenn er Anbetung von uns fordert. Was würdet Ihr dazu sagen? Wenn Gott uns etwas gebietet, dann haben wir einen viel größeren Nutzen davon als Gott selbst. Habt Ihr Euch das jemals bewusst gemacht? Jedes einzelne Gebot der Bibel – ganz gleich, um was es geht – dient zu unserem Besten. Das gilt auch für die Zehn Gebote. Inwiefern kann es nun zu unserem Besten sein, wenn Gott Anbeter sucht? Man wird im Leben immer so wie das, was man anbetet. Aus diesem Grund ist es gut für uns, Gott anzubeten. Anbetung ist eine der absoluten Grundlagen der Bibel. Und je mehr Ihr den Herrn Jesus anbetet, umso ähnlicher werdet Ihr ihm. Die Bibel sagt sehr klar: »Wir alle aber, mit aufgedecktem Angesicht die Herrlichkeit des Herrn anschauend, werden verwandelt nach demselben Bild von

Herrlichkeit zu Herrlichkeit, als durch den Herrn, den Geist.« (2Kor 3,18)

Lasst uns diesen Vers Wort für Wort betrachten. »Wir alle«: Das sind alle Christen.

»... mit aufgedecktem Angesicht ... anschauend ...«: Wir haben eine klare Sicht auf Gottes Wort.

»... die Herrlichkeit des Herrn ...«: Wir rufen uns all das in Gedächtnis, was wir gelesen haben – nicht nur die Herrlichkeit, die unser Herr als Mensch hier auf der Erde hatte, sondern auch die Herrlichkeit, die er zur Rechten Gottes in eben diesem Moment hat, die Herrlichkeit des auferstandenen und in den Himmel aufgefahrenen Christus.

»... werden verwandelt nach demselben Bild ...«: Wenn wir den Herrn anbeten, findet eine wunderbare Umgestaltung statt. Wir werden ihm ähnlich, werden Christus-ähnlich.

»... von Herrlichkeit zu Herrlichkeit ...«: Das bedeutet, dass wir nach und nach verwandelt werden. Es findet keine Instant-Verwandlung statt, keine sofortige komplette Umgestaltung. Unsere Umgestaltung erfolgt schrittweise, von einer Herrlichkeit zur nächsten.

Wie geschieht das? »... durch den Herrn, den Geist.« Der Geist Gottes wirkt in unserem Leben. 2. Korinther 3,18 gehört zu den großen fundamentalen Versen des christlichen Lebens: Umgestaltung durch Betrachtung.

Es soll Ehepaare geben, die so lange miteinander verheiratet sind, dass sie einander ähnlich sehen. Ich weiß nicht, ob das im natürlichen Leben tatsächlich möglich ist, für das geistliche Leben trifft es jedoch zu hundert Prozent zu.

Anbetung ist einfach. Zuerst einmal möchte ich Euch jedoch sagen, was Anbetung nicht ist: Anbetung ist nicht, eine Predigt zu hören. In den meisten christlichen Kirchen sind die Gottesdienste vor allem Predigtgottesdienste. Das heißt, jemand predigt und die Gemeinde hört zu. Das ist jedoch keine Anbetung, sondern Lehre. Versteht mich nicht falsch: Es kann durchaus sein, dass einer der Zuhörer während der Predigt sein Herz zu Gott erhebt. Ansätze von Anbetung lassen sich sicher überall und zu allen Zeiten finden. Per se ist ein solcher Gottesdienst jedoch kein Anbetungsgottesdienst.

Was also ist Anbetung? Wenn Gottes Kinder zusammenkommen und ihre Herzen im Nachsinnen über Gott überfließen, wenn sie ihre Herzen in Verehrung und Bewunderung zu ihm erheben, dann ist das Anbetung. Anbeten heißt, der Liebe zu Jesus Ausdruck zu verleihen. Es kann durchaus sein, dass ein junger Mann in einer Versammlung aufsteht und dem Herrn schlicht und einfach sagt, dass er ihn liebt. Das ist die reinste Form von Anbetung: dem Herrn einfach sagen zu können, dass wir ihn lieben.

Von Spurgeon stammt folgendes Zitat: »Keine Freude dieser Welt kommt der Freude gleich, ganz von Liebe zu Christus erfüllt zu sein.« Wahrlich, es gibt nichts, was dieser Freude gleich wäre! »Wenn ich mir aussuchen könnte, welches Leben ich führen wollte, ich würde mir gewiss nicht wünschen, ein Herrscher oder ein Millionär oder ein Philosoph zu sein, denn Macht, Reichtum und Wissen bringen nur Kummer. Ich würde mir wünschen, nichts zu tun als meinen Herrn zu lieben. Damit meine ich, dass ich alles für ihn und aus Liebe zu ihm tue.« Spurgeon hatte das Herz eines Anbeters.

Ob man es mit einem Anbeter zu tun hat, lässt sich übrigens sehr leicht feststellen. Ich liebe es, jungen Männern und Frauen zu begegnen, die, wenn sie ihren Mund öffnen, Jesus offenbaren. Wisst Ihr, was ich meine? Sie reden von Jesus. Damit zeigen sie, auf welchen Weiden sie »gegrast« haben.

In der Anbetung versammeln wir uns zu Christus. Wir versammeln uns, um gemeinsam den Herrn anzubeten. Er ist unser Anziehungspunkt, die Attraktion, um die wir uns versammeln, derjenige, der all unsere Zuneigung auf sich zieht. Wenn Euch Anbetung nicht schmeckt, dann wird Euch auch der Himmel nicht schmecken, denn Anbetung ist die dort vorherrschende Aktivität! In der Offenbarung erheben die himmlischen Heerscharen ihre Stimmen in Lob und Preis; es ist ein Jubelschrei, der durch die ganze Offenbarung hindurch zunimmt, um dann in der letzten Szene in einem gewaltigen Crescendo zu enden.

Einige von uns können sich noch an die Zeiten erinnern, als es in unseren Ortsgemeinden am Sonntagmorgen nur einen Gottesdienst gab. Dieser Gottesdienst dauerte meist etwa anderthalb Stunden und war ausschließlich der Anbetung gewidmet. Vielleicht seid Ihr anderer Ansicht, ich jedoch wünsche mir oft, wir würden den Sonntagmorgen wieder ausschließlich für die Anbetung reservieren. Heutzutage haben wir [zumindest in vielen Brüdergemeinden] zuerst einen Anbetungsteil und dann einen Predigtteil. Damit werten wir die Anbetung ab. Ich persönlich bedauere diese Entwicklung sehr.

Es gibt eine ganze Reihe von Zusammenkünften, von denen ich nichts halte. Dazu gehören zum Beispiel dienstliche Besprechungen. Meiner Meinung nach sind solche Treffen reine Zeitverschwendung, meistens kommt doch nicht viel dabei heraus. Auch sonst gibt es jede Menge Treffen, für die ich nicht viel übrighabe. *Eine* Zusammenkunft jedoch liebe ich von Herzen: wenn wir uns im Namen Jesu versammeln, um ihn anzubeten, wenn der Geist Gottes unter uns wirkt und der Himmel uns ganz nahe ist. Um keinen Preis möchte ich unsere Anbetungsversammlungen versäumen.

In einer Gemeinde in den USA trug sich vor Jahren folgende Geschichte zu: Als es an der Zeit war, das Brot zu brechen, stand ein lieber alter Bruder auf und ging zum Tisch des Herrn, um für das Brot zu danken. Dort fiel er auf seine Knie und betete. Das war ein heiliger Moment, den diejenigen, die das miterlebt haben, niemals vergessen werden. Der Herr selbst war anwesend, zwar nicht sichtbar, aber doch auf sehr reale Weise, und die Herzen der anwesenden Gläubigen erhoben sich in Preis und Lob zu Gott.

Niemals wieder ist dieser Bruder beim Brotbrechen auf seine Knie gegangen. Hätte er es noch einmal getan, hätte es vermutlich aufgesetzt gewirkt. Aber dieses eine Mal hat der Geist Gottes ihn so geführt. Es ist etwas Großes, in der Anbetung dem Geist Gottes zur Verfügung zu stehen, und zu tun, was er will.

Wir sollten uns auf die Anbetungsstunde vorbereiten. Habt Ihr darüber schon einmal nachgedacht? Vielleicht seid Ihr der Meinung, man könne da einfach hingehen und sagen, was einem gerade in den Sinn kommt. Besser ist es jedoch, wenn Ihr Euch schon die Woche über auf die Anbetungsstunde vorbereitet, indem Ihr über Gottes Wort nachdenkt. Samstagabends könnt Ihr Euch dann mit Eurer Bibel und einem Liederbuch zurückziehen und einige dieser wunderbaren Lieder lesen. Einige dieser Lieder drücken vielleicht genau das aus, was Ihr selbst empfindet, wenn Ihr es auch niemals in solche Worte fassen könntet: »Wer, o Jesu, fasst dein Lieben, wer den Wert von deinem Blut? Liebe nur hat dich getrieben, selbst zu werden unser Gut. Unsre Sünden trugest du, gabst in dir uns ew'ge Ruh.« Der Samstagabend eignet sich wunderbar dazu, sich mit Bibel und Liederbuch auf das Brotbrechen vorzubereiten. Im Alten Testament sagt Gott: »Und man soll nicht leer vor dem HERRN erscheinen.« (5Mo 16,16) Gott möchte nicht, dass wir mit leeren Händen zur Anbetungsstunde kommen; stattdessen sollen wir über unseren Herrn nachsinnen. Wenn wir das tun, können wir gewiss sein, dass der Heilige Geist unsere Anbetungsstunden leiten wird. Wenn er die Anbetungsstunde dann in eben jene Richtung leitet, über die wir uns Gedanken gemacht haben, so dürfen wir die Geschwister mit Freuden an diesen Gedanken teilhaben lassen.

In unseren Anbetungsstunden sollte sich alles um den Herrn Jesus drehen. Er ist unser Mittelpunkt. Das Äußern eigener skurriler Gedanken sollte hier keinen Platz haben. Wir sollten sogar so weit gehen, jeglichen Bezug zu uns selbst zu vermeiden. Lasst die Worte »ich«, »mir«, »mich«, »mein« usw. weg und redet einfach von Jesus. Es wäre eine große Gnade, wenn uns das gelingen würde! Die

Aufforderung unseres Herrn lautet: »Dies tut zu meinem Gedächtnis« und »verkündigt den Tod des Herrn, bis er kommt«.

Wie reagieren wir, wenn jemand ein Lied vorschlägt, das nicht vom Geist geleitet ist? Was tut Ihr, wenn Ihr in einer Anbetungsstunde seid, in der der Geist Gottes Euch in eine bestimmte Richtung lenkt und dann schlägt plötzlich jemand ein Lied vor, das überhaupt nicht zu dieser Richtung passt? Diese Frage wurde einmal einem alten Bruder gestellt. Seine Antwort lautete: »Ich singe im Geist.« Anstatt einen jungen Bruder für seine Unreife zu tadeln, sollten wir im Geist singen und hoffen, dass er mit der Zeit lernt, dem Leiten des Geistes besser zu folgen.

Speziell den jungen Brüdern möchte ich empfehlen, in der öffentlichen Anbetung den Plural zu verwenden, also z. B. lieber »wir danken dir« anstelle von »ich danke dir« zu sagen. Wenn Ihr in der Gemeinde zur Anbetung aufsteht, dann redet Ihr für die ganze Gemeinde. Und wenn Ihr Eure Anbetung mit »Amen« beendet, stimmt die ganze Gemeinde in Euer »Amen« ein. Damit zeigt sie, dass sie sich Eure Anbetung zu eigen gemacht hat, und dass sie ebenso denkt. In der öffentlichen Anbetung stehen wir gemeinsam vor Gott. Es gibt mindestens ein Liederbuch, in dem aus diesem Grund in allen Liedern das Wort »ich« durch »wir« ersetzt wurde.

Gebet der Gemeinde

Wir wollen uns nun einem Thema zuwenden, das mit den bereits genannten Themen eng verbunden ist, nämlich das Gebet. Ist es für eine Gemeinde wichtig zu beten? Ich möchte das anhand eines Beispiels illustrieren:

Vor Jahren fand in einer Gemeinde eine Gebetsversammlung statt. Ich möchte nicht respektlos sein, aber es war eine ziemlich langweilige Angelegenheit. Immer wieder gab es lange Pausen, keiner sagte etwas und es war ungefähr so totenstill wie in einer Leichenhalle. Plötzlich – *klapp, klapp, klapp* – waren draußen Schritte zu hören. Jemand polterte die Treppe herauf: eine Frau, eine Schwarze, die noch nie zuvor da gewesen war und die keiner kannte, kam zur Tür herein und setzte sich. Noch immer sagte keiner ein Wort, niemand betete, alle schwiegen. Schließlich hielt diese Frau es nicht mehr aus und betete laut: »Herr, dieser Ort ist tot! Du weißt, dass dieser Ort tot ist. Es ist einer der totesten Orte, an dem du oder ich je waren.« Danach gab es in dieser Versammlung keinen einzigen schweigsamen Moment mehr. War diese Frau ein Engel? Davon bin ich überzeugt. Ich glaube, dass Gott diese Frau in jener Nacht als Engel gesandt hatte, um diese Gemeinde aufzuwecken.

Man kann alles aus Gewohnheit tun. Ihr könnt jede Woche eine Gebetsstunde abhalten und alle gehen hin, weil es nun mal eben dazugehört. Doch darum geht es nicht; das genügt nicht. Ihr müsst mit ganzem Herzen dabei sein und Euch bewusst machen, dass Gott Großes tun kann. Vergesst nicht, dass wir Menschen der Allmacht dann am nächsten kommen, wenn wir im Namen Jesu beten. Wir, Du und ich, werden niemals allmächtig sein, werden niemals ausreichend Macht und Kraft haben. Nie sind wir dem jedoch näher als dann, wenn wir im Namen Jesu beten. Wenn wir in seinem Namen um etwas bitten, dann ist das genau so, wie wenn Jesus seinen Vater darum bittet. Wenn wir gemäß seinem Willen beten, bitten wir in seiner Autorität und dann bietet er diese Gebete seinem Vater dar. Bis sie den Vater erreichen, sind sie absolut vollkommen. Das ist die Motivation, in der wir beten.

Ein alter englischer Bischof sagte einmal: »Wenn ich bete, geschieht etwas. Wenn ich nicht bete, geschieht nichts.« Daran lasst uns denken! Dieser Bischof hatte gelernt, Menschen durch Gebet zu bewegen.

Wir Christen nehmen durch unser Gebet direkten Einfluss auf den Lauf der Ereignisse in dieser Welt. Ja, mit unserem Gebet verändern wir sogar das Schicksal ganzer Nationen. Denkt an den Tag, an dem die Mauer zwischen Ost- und West-Berlin fiel. Warum fiel sie? Weil Gottes Volk dafür gebetet hatte. Jahrzehntelang hatten Christen für den Sturz dieses Unrechtsstaates gebetet. Zu seiner Zeit hat Gott diese Gebete erhört.

Vor über 20 Jahren fand in meiner Gemeinde in Fairhaven ein nächtliches Gebetstreffen statt; ein Missionsgebetstreffen für junge Leute, das von 9 Uhr abends bis um 7 in der Frühe dauerte. Nachts um zwei begannen wir, für den Tschad zu beten. Zu jener Zeit hatte der Tschad einen sehr grausamen Präsidenten namens Tombalbaye, der die Christen verfolgen ließ. Einen der Gläubigen ließ er bis zum Hals in Sand eingraben und dann von Ameisen zerfressen.

Einen anderen Gläubigen ließ er in eine Trommel stecken und dann wurde auf dieser Trommel so lange getrommelt, bis er starb. In jener Nacht also lasen wir den Gebetsbrief von Dick Sanders, der damals Missionar im Tschad war. Er schrieb, wir sollten nicht um die Christen trauern, die als Märtyrer gestorben waren, sondern wir sollten für diejenigen beten, die noch am Leben waren. Unsere jungen Leute gingen auf die Knie und schrien zu Gott und flehten ihn an für die Christen im Tschad. Das war am Samstagmorgen zwischen zwei und drei. Am Sonntagmorgen – ich war im Auto unterwegs – machte ich das Radio an. Und was brachten die Nachrichten? »Sonderbericht: Militärputsch im Tschad. Tombalbaye getötet. Neuer Präsident an der Macht.« Dieser neue Präsident stand dem Christentum positiv gegenüber. Hättet Ihr die jungen Leute, die in jener Missionsgebetsstunde dabei waren, gefragt, ob sie glauben, dass ihre Gebete einen Einfluss auf die Ereignisse im Tschad hatten, so hätten sie das sehr bestimmt bejaht. Am 20. Jahrestag dieses Putsches rief mich Dick Sanders an und erinnerte mich daran, dass es auf den Tag genau 20 Jahre waren, dass wir in San Leandro gebetet hatten und Gott im Tschad geantwortet hatte. Wir greifen durch unsere Gebete in den Lauf der Welt ein. Da können wir uns ganz sicher sein! Wir verändern das Schicksal ganzer Völker durch unser Gebet.

Das beste Gebet, das wir Gott bringen können, kommt aus einem dringenden inneren Bedürfnis. Wenn alles glatt geht, schläft unser Gebetsleben gerne ein. Wenn wir dagegen ein Problem haben, fällt es uns leicht, beharrlich und zielgerichtet zu beten. »Von einem gespannten Bogen fliegen die Pfeile am besten«, sagte Spurgeon. Das trifft auch auf unsere Gebetspfeile zu. Unsere besten Gebete kommen aus einem starken inneren Bedürfnis.

Wenn überhaupt, dann tut Gott nur sehr selten etwas, was wir nicht erbeten haben. Diese Behauptung schockiert euch vielleicht. Ich glaube jedoch, dass ich damit auf biblischem Boden stehe.

Noch ein Zitat von Spurgeon: »Gebet ist der Vorläufer von Gnade. Wenn ihr euch mit der Kirchengeschichte befasst, werdet ihr sehen, dass dieser Welt sehr selten eine Gnade zuteilwurde, der nicht ernsthaftes Beten voranging. Vor dem Segen steht immer das Gebet.« Wie gesagt, wenn überhaupt, dann tut Gott nur sehr selten etwas, was wir nicht erbeten haben. Es ist eigenartig, dass wir so selten beten.

Gott beschränkt sich bei seinen Taten zumindest teilweise darauf, auf die Gebete seiner Kinder zu antworten. Wenn sie nicht beten, handelt er nicht. Aus diesem Grunde finden sich in den Regalen der himmlischen Lagerhallen so viele unzustellbare Kisten mit Segnungen. Sie können nicht zugestellt werden, weil sie von niemandem angefordert werden.

Gebet bewegt Gott zu Aktionen, die er sonst nicht tun würde. In evangelikalen Kreisen hört man oft, dass man sich beim Beten mit Gottes Willen eins macht. Gottes Willen erfüllt sich ohnehin; und beim Beten beugt man sich unter Gottes vorherbestimmten Willen und macht sich mit diesem eins. Glaubt das nur ja nicht! Beten bewegt Gott dazu, Dinge zu tun, die er ohne Gebet nicht tun würde. Jakobus sagt sehr deutlich: »… ihr habt nichts, weil ihr nicht bittet ...« (Jak 4,2). Dieser Vers bestätigt das eben Gesagte sehr deutlich.

Gott erhört unsere Gebete immer ganz genau so, wie wir das selbst tun würden, wenn wir ebenso weise, allmächtig und voller Liebe wären wie er. Einige von Euch haben große Enttäuschungen erlebt. Ihr habt gebetet. Ihr habt zum Herrn geschrien, aber er hat Euer Gebet nicht erhört. Wärt Ihr so weise, allmächtig und voller Liebe wie Gott, hättet Ihr ebenso gehandelt. Was Gott tut, ist immer absolut perfekt. Seine Weisheit lässt nichts anderes zu. Seine Liebe lässt nichts anderes zu. Und seine Macht lässt nichts anderes zu.

Das Gebet ist für Gottes Werk wichtiger als alles andere. »Beten ist die Speerspitze in Gottes Werk«, hat einmal jemand gesagt. Es sollte jedoch nicht nur die Speerspitze sein, sondern der Stoß, mit dem wir den Speer werfen. Die geistliche Geschichte einer neutestamentlichen Gemeinde lässt sich an ihrem Gebetsleben ablesen.

Gott helfe all jenen Gemeinden, die keine Gebetsstunden haben. Leider gibt es sehr viele Gemeinden, aus deren Leben sie sang- und klanglos verschwunden ist.

Beten hat etwas von einem Geheimnis an sich. Viel besser, als dieses Geheimnis zu lüften, ist es jedoch, einfach auf die Knie zu gehen und in aller Einfalt zu beten.

Jemand hat einmal gesagt: »Durch Gebet wurden Meere und Flüsse geteilt, Wasser aus Felsen hervorgebracht, Feuer erstickt, Löwen das Maul verschlossen, Gift und Schlangen unschädlich gemacht, Mond und Sonne in ihrem Lauf unterbrochen, eiserne Tore geöffnet, Seelen aus der Ewigkeit zurückgerufen, der stärkste Teufel besiegt, Legionen von Engeln aus dem Himmel auf die Erde beordert. Gebet hat wilde Leidenschaften gezähmt und gewaltige Armeen von überheblichen und höhnischen Ungläubigen zerstört. Gebet hat einen Menschen aus der Tiefe des Meeres zurückgebracht und einen anderen in einem feurigen Wagen in den Himmel aufgefahren. Was hat das Gebet nicht vollbracht?« All diese Dinge finden wir in Gottes Wort beschrieben. Das Gebet führt uns auf Höhen, die den Verstand schwindeln lassen.

Um den Himmel zu erreichen, muss unser Gebet jedoch ernstlich sein (vgl. Jak 5,16). Kalte Gebete erfrieren, bevor sie den Himmel erreichen. Wir müssen inbrünstig bitten, wenn wir erhört werden wollen. Jemand sagte einmal, dass er seine Effektivität an der Zahl der Leute bemisst, für die er betet und die für ihn beten.

Wir ehren Gott, wenn wir Großes von ihm erwarten. Mir gefällt die Geschichte von Alexander dem Großen, der einmal im Monat Audienz hielt und jeder konnte kommen und ihn bitten, um was immer er wollte. Eines Tages kam ein Mann und bat ihn, sämtliche Kosten für die Ausbildung seines Sohnes zu übernehmen, seiner Tochter eine Mitgift zu geben, und so weiter und so fort. Er hörte überhaupt nicht mehr auf damit, Alexander irgendwelche Bitten vorzutragen. Alexander der Große gewährte ihm jede einzelne Bitte. Als seine Bediensteten ihn nachher fragten, wieso er diesem unverschämten Bettler alle Bitten erfüllt hätte, sagte er: »Er hat Großes von mir erbeten und mich damit als König geehrt. Ich habe die Nase voll von Leuten, die nichts als eine goldene Münze von mir erwarten.« Gott wird geehrt, wenn wir Großes erbitten.

Wenn Ihr zur Zeit Jesu gelebt hättet und Christus persönlich begegnet wärt, um was würdet Ihr ihn gebeten haben? Wenn Ihr, sagen wir mal, blind gewesen wärt? Diese Frage wurde einmal einem Kind gestellt. Nach einigem Überlegen meinte es: »Ich hätte den Herrn Jesus um einen Blindenhund und eine Hundeleine gebeten, damit mich der Hund hätte führen können.« Sind wir mit unseren kleingläubigen Gebeten nicht oft genauso? Beschämt müssen wir uns eingestehen, dass wir oft nur um einen Blindenhund bitten, wo Gott uns doch die Augen öffnen und uns sehend machen möchte. Erbittet Großes von Gott! Wir haben einen großen Gott und er freut sich, wenn wir ihn durch große Gebete ehren.

Beten ist wichtiger als aktiver Dienst. Das hört man heutzutage nicht oft, dennoch ist es wahr. Beten ist wichtiger als Tun. Unser himmlischer Bräutigam wirbt um eine Braut und nicht um einen Diener. »Ein großer König ist der Herr; drum bitte Großes, immer mehr; denn seine Macht und Liebesfüll hat weder Grenze, Maß noch Ziel.« Liebe Freunde, wenn wir einmal im Himmel sind, werden wir uns wünschen, wir hätten mehr gebetet. Ich hoffe sehr, Eure Gemeinden sind und bleiben betende Gemeinden. Ehrt Gott durch die Größe Eurer Gebete, durch die Inbrust Eurer Gebete und durch die Liebe zu ihm in Euren Herzen.

Bevor ich zum Schluss komme, möchte ich einige Gedanken noch einmal kurz zusammenfassen: Der Heilige Geist vertritt Christus in der Gemeinde. Christus ist derjenige, der die Gemeinde leitet, dessen Wille geschehen soll. Er benutzt den Heiligen Geist, um den Ältesten und damit der Gemeinde seinen Willen durch sein Wort kundzutun.

Der Heilige Geist sollte die Gemeinde in der Anbetung leiten. Es gibt nichts Schöneres, als zu erleben, wie der Heilige Geist in einer Anbetungsstunde alle Lieder und Beiträge in eine Richtung lenkt, sodass sie sich auf das Blut Christi oder auf seine Wiederkunft oder auf einen anderen Aspekt seiner Person oder seines Werkes konzentrieren. Der Heilige Geist ist auch derjenige, der die Ziele einer Gemeinde bestimmt. Wir können uns nicht einfach zusammensetzen und beschließen, dass wir im nächsten Jahr 25 Menschen für den Herrn gewinnen wollen. Das wäre zwar ein schönes Ziel, aber wie kommen wir darauf? Woher wissen wir, dass das auch die Absicht des Herrn ist? Anstatt alle möglichen eigenen Pläne zu machen, sollten wir uns vom Herrn führen lassen.

Der Heilige Geist sollte auch über die Verwendung unserer finanziellen Gaben bestimmen. Wie wunderbar ist es, von jemandem einen Brief zu bekommen, in dem es heißt: »Die Gabe eurer Gemeinde entsprach exakt der Summe, die wir zu dieser Zeit benötigt haben.« Ja, Gott kann es einer Gemeinde aufs Herz legen, genau jenen Betrag zu spenden, der gerade benötigt wird. So etwas kommt ständig vor. Gesegnet ist, wer daran Anteil hat! Das macht das Leben in höchstem Maße spannend.

Der Heilige Geist leitet die Gemeinde in der öffentlichen Anbetung, in der Organisation von Veranstaltungen, der Auswahl der Redner, und er darf nicht unterdrückt werden. »Den Geist löscht nicht aus; Weissagungen verachtet nicht …« (1Th 5,19-20). Wir müssen die Souveränität des Geistes akzeptieren. Er handelt nicht immer auf dieselbe Weise. Ich möchte sogar so weit gehen zu sagen, dass er selten zweimal dasselbe tut. Er ist so einmalig, dass wir darauf achten müssen, dass wir ihn nicht unterdrücken und dass er in unseren Gemeindeversammlungen ungehindert wirken kann.

GEBET: Vater, wir danken dir für all jene, die unserem Erlöser in das Wasser der Taufe gefolgt sind und bitten dich, dass ihr Leben in Einklang mit ihrer Taufe steht und sie sich ihrem Bekenntnis würdig erweisen. Wir danken dir für das wunderbare Vorrecht, dem Tod unseres Erlösers gedenken zu dürfen. Lehre uns, bessere Anbeter als je zuvor zu werden. Stelle uns Golgatha vor Augen, zeige uns, was es wirklich bedeutet. Öffne uns die Augen, dass wir die Unermesslichkeit von Golgatha begreifen. Mache uns zu Männern und Frauen des Gebets. Lass uns lernen, mit dir durch das Gebet verbunden zu leben und täglich nach deinem Willen zu fragen. Darum bitten wir dich im Namen Jesu. Amen.

Kapitel 5

Vorrechte und Pflichten in der Gemeinde

»Da wir nun, Brüder, Freimütigkeit haben zum Eintritt in das Heiligtum durch das Blut Jesu, auf dem neuen und lebendigen Weg, den er uns eingeweiht hat durch den Vorhang hin, das ist sein Fleisch, und einen großen Priester haben über das Haus Gottes, so lasst uns hinzutreten mit wahrhaftigem Herzen, in voller Gewissheit des Glaubens, die Herzen besprengt und so gereinigt vom bösen Gewissen und den Leib gewaschen mit reinem Wasser. Lasst uns das Bekenntnis der Hoffnung unbeweglich festhalten (denn treu ist er, der die Verheißung gegeben hat); und lasst uns aufeinander achthaben zur Anreizung zur Liebe und zu guten Werken, indem wir unser Zusammenkommen nicht versäumen, wie es bei einigen Sitte ist, sondern einander ermuntern, und das umso mehr, je mehr ihr den Tag näher kommen seht.« (Hebr 10,19-25)

Ich beziehe mich im Folgenden vor allem auf Vers 25.

Oft wird von den »Kennzeichen der Brüdergemeinden« gesprochen. Aus Gottes Wort geht jedoch klar hervor, dass es solche Kennzeichen nicht geben sollte. Gottes Wort ist die Wahrheit und gilt ausnahmslos allen Gläubigen. Es trifft zwar zu, dass manche Christen den biblischen Prinzipien gehorsamer sind als andere, aber »besondere« Kennzeichen gibt es dennoch nicht. Gottes Wort ist für alle Christen und alle christlichen Gemeinschaften gleichermaßen und uneingeschränkt gültig.

Das darf uns jedoch nicht dazu verleiten, überheblich zu werden. Dazu haben wir keinerlei Grund! Wenn wir uns so sehen könnten, wie Gott uns sieht, würden wir vor Scham in Grund und Boden versinken. Vor Gottes Heiligkeit und Reinheit kann keiner von uns bestehen. Deshalb haben wir keinerlei Grund, auf irgendetwas stolz zu sein; stattdessen sollten wir »das Ziel anschauend, hin[jagen] zu dem Kampfpreis der Berufung Gottes nach oben in Christus Jesus.« (Phil 3,14).

Rechte bzw. Vorrechte der Ortsgemeinde

Das größte und wichtigste Vorrecht der Gemeinde ist die *Gegenwart des Herrn*. Er selbst hat uns versprochen: »Denn wo zwei oder drei versammelt sind in *meinem* Namen, da bin ich in ihrer Mitte.« (Mt 18,20). Stellt Euch das nur einmal vor! Wenn wir uns versammeln, dann ist unser Schöpfer in unserer Mitte, derjenige, der Euch jetzt in eben diesem Moment die Luft zum Atmen gibt, derjenige, der das Universum mit all seinen Sternen geschaffen hat, der Milliarden von Galaxien mit Abermilliarden von Sternen erschaffen hat, derjenige, der den Orion ins All geschleudert hat und die Himmelskörper perfekt in ihrer Bahn hält. Dieser Gott ist in unserer Mitte!

Doch nicht nur das – wir versammeln uns auch in der Gegenwart dessen, der am Kreuz für uns gestorben ist, der uns geschaffen hat und willens war, für uns zu sterben, um durch sein Opfer unsere Schuld auf sich zu nehmen, damit wir in alle Ewigkeit bei ihm wohnen dürfen, und in alle

Ewigkeit bei ihm und ihm gleich sein dürfen. Lasst uns das Vorrecht, mit einem solchen Herrn zusammen sein zu dürfen, nicht gering schätzen.

Ein weiteres Vorrecht ist die *gemeinsame Anbetung*, insbesondere das Brotbrechen. Es ist einfach wunderbar, sich mit gleichgesinnten Gläubigen zu treffen und alle Sorgen dieser Welt für eine Weile beiseitelegen zu können. Blendet all das aus, was Euch ablenken will und genießt einfach die Gegenwart des Herrn. In der Anbetung verlassen wir im Glauben diese Erde; wir treten ein in die heilige Gegenwart Gottes und haben Audienz beim König aller Könige. Anbetung bedeutet nichts anderes, als dass ein Szenenwechsel stattfindet: Im Glauben verlassen wir unseren gegenwärtigen Ort und betreten das Heiligtum – den Thronsaal des Universums –, um Audienz bei unserem großen Gott und Herrn Jesus Christus zu haben. Wenn wir uns das wirklich bewusst machen würden, würden wir den Hauch der Ewigkeit in unseren Herzen spüren. Allein der Gedanke daran lässt mich in Ehrfurcht verstummen!

Ein nächstes Vorrecht ist das *gemeinsame Gebet*. Wir treffen uns gemeinsam mit anderen Gläubigen und treten mit unserem Dank und unseren Bitten und Anliegen ein in die Gegenwart des Herrn. Es ist einfach herrlich zu sehen, wie Gott auf unsere Gebete antwortet, wie er souverän wirkt, Menschen wie Schachfiguren auf dem Schachbrett verschiebt, und wie als Antwort auf unsere Gebete Dinge geschehen, die nach den Gesetzen des Zufalls und der Wahrscheinlichkeit niemals hätten geschehen dürfen. Ich danke Gott für Gebetsversammlungen, in denen der Herr spürbar gegenwärtig ist. Manche jungen Geschwister scheuen sich davor, öffentlich zu beten. Sie haben Angst, in ihren Gebeten einen theologischen Schnitzer zu machen. In diesem Zusammenhang ist Offenbarung 8 hilfreich, wo wir den Herrn zwischen uns und Gott dem Vater stehen sehen. Unsere Gebete steigen auf zum Herrn, er fügt Räucherwerk hinzu, und erst dann erreichen unsere Gebete den Vater. Dieses Räucherwerk ist der Wohlgeruch seiner Person und seines Werkes. Er nimmt alle Unreinheiten aus unseren Gebeten, und deren gibt es leider sehr viele! All diese Unreinheiten nimmt er weg. Wenn unser Gebet dann Gott, den Vater, erreicht, ist es vollkommen. Das ermutigt uns zu beten. Es kann vorkommen, dass ein junger Bruder Gott, dem Vater, dafür dankt, dass er am Kreuz für uns gestorben ist. Nun ist natürlich nicht Gott, der Vater, am Kreuz gestorben, aber das macht nichts. Gott weiß, was er meint. Jeder Irrtum und jeder Fehler werden korrigiert. Bis unser Gebet den Vater erreicht, ist es absolut vollkommen.

Ein weiteres Vorrecht ist die *Unterweisung in Gottes Wort*. Ich stehe tief in der Schuld der Brüder, die mich in meiner Jugend im Wort Gottes unterwiesen haben. In der ersten Kinderstunde, an die ich mich erinnern kann, haben wir das Geheimnis des Himmelreichs in Matthäus 13 durchgenommen. Ich weiß auch noch, wie wir um einen Tisch herumsaßen und das Buch Jesaja durchgingen. Was für ein Vorrecht! Das, was ich damals über die Gleichnisse in Matthäus 13 und aus dem Buch Jesaja gelernt habe, habe ich nie vergessen. Ich bin den Gemeinden, in die ich in meiner Jugendzeit gegangen bin, zu tiefem Dank verpflichtet. Damals war ich noch nicht einmal gläubig, aber der Heilige Geist hat diese Stunden dazu genutzt, Kohlen in mein Herzen zu legen, um sie dann Jahre später in Brand zu stecken.

Mich persönlich schmerzt es, an das mangelhafte Bibelwissen der heutigen Christen zu denken. Früher hatten die Leute wenigstens noch biblische Grundkenntnisse; heute haben die meisten Menschen jedoch keine Ahnung von dem, was in der Bibel steht. Das unterstreicht umso mehr, welches Vorrecht es ist, zu einer Gemeinschaft zu gehören, in der Gottes Wort gelehrt und der Geist der jungen Leute mit Gottes Wort gefüllt wird.

Und dann ist da natürlich auch das Vorrecht des *gemeinsamen Dienstes*. Ein ganz wichtiger Dienst ist das Lehren in der Sonntagsschule bzw. Kinderstunde. Einige dieser Lehrer haben sich im Laufe der Zeit entmutigen lassen, weil sie keinen Erfolg gesehen haben. Glaubt nur ja nicht, dass dieser Dienst ohne Wirkung bleibt! Wenn Gottes Wort in der Kraft des Heiligen Geistes gelehrt und verkündet wird, wird es niemals ohne Wirkung bleiben, das verspricht uns die Bibel. In Jesaja 55 steht, dass Gottes Wort nicht leer zu Gott zurückkehren wird, sondern bewirken wird, was ihm gefällt und ausführen wird, wozu er es gesandt hat. Wenn Ihr also im Lehr- und Verkündigungsdienst steht, steht Ihr in einem Dienst, der nicht fehlschlagen kann. Gottes Wort selbst verheißt den Erfolg dieses Dienstes.

Auch *Evangelisieren* ist ein Vorrecht. Ich denke da an einen Einsatz mit etwa 100 Teilnehmern in Little Rock, der Hauptstadt von Arkansas in den USA. Diese 100 Leute – die alle selbst für die Kosten ihres Einsatzes aufgekommen sind – haben jedes einzelne Haus in Little Rock besucht und Literatur verteilt; sogar die Mutter von Hillary Clinton haben sie besucht. Unglaubliches hat sich während dieses Einsatzes ereignet. Die Leute haben nur so gesprudelt vor Freude und haben Gott aus vollem Herzen gepriesen. Während dieses Einsatzes hatte es etwa 40°C im Schatten. Eine Person, mit der sie sprachen, meinte: »Wenn ihr euch bei 40°C im Schatten aufmacht, muss das, was ihr anzubieten habt, ganz schön viel wert sein.« Und eine Dame, der sie von Jesus erzählten, sagte: »Ich lebe seit 24 Jahren hier und ihr seid die ersten, die zu mir kommen und mit mir über Jesus sprechen.« Es gibt unzählige solcher Berichte über diesen Einsatz.

Ein Mann wollte einen kleinen Jungen zu einer Kinderstunde einladen. Dieser Junge lebte in einer Pflegefamilie und die Pflegemutter lehnte die Einladung mit der Erklärung ab, dass der Junge als kleines Kind missbraucht worden sei und deshalb nichts für Männer übrighätte. Doch der Bruder kam immer wieder und brachte dem Kleinen Geschenke mit, bis dieser sich schließlich dazu überreden ließ, in die Kinderstunde mitzugehen. Über kurz oder lang waren der Bruder und der Junge unzertrennlich, der kleine Bursche ließ den Bruder nicht mehr aus den Augen und der Bruder denkt nun sogar über eine Adoption des Jungen nach. Geschichten wie diese bezeugen eindrücklich die Freude, die aus dem gemeinsamen Dienst kommt. Dieser Einsatz hinterließ Spuren bei Hunderten von Menschen. Keiner von denen, die dabei waren, wird ihn jemals vergessen.

Auch *jemanden zu besuchen*, macht Freude. Dazu gehört auch der Krankenbesuch, sei es zu Hause oder im

Krankenhaus. Merkwürdigerweise haben manche Menschen Angst davor, jemanden im Krankenhaus zu besuchen. Doch dieser Dienst ist mit einer ungeheuren Freude verbunden; der Segen, den man selbst dabei empfängt, ist oft viel größer als der Segen, den man weitergibt.

Eine weitere Freude ist mit der *Veröffentlichung und Verbreitung christlicher Literatur* verbunden. Dieser Dienst hat die gesamte Welt beeinflusst.

Geben empfinden wir auf den ersten Blick vielleicht nicht gerade als ein Vorrecht. Und doch ist es genau das: Es ist ein unglaubliches Vorrecht, dass wir uns mit unseren Gaben und finanziellen Opfern bis in die entlegensten Enden der Welt an Gottes Werk beteiligen können. Wer weiß schon, was durch unsere Gaben alles bewirkt wird! Eines jedenfalls ist sicher: Kein Becher kaltes Wasser wird unvergolten bleiben (siehe Mt 10,42). Für alles, was wir im Namen Jesu und zu seiner Ehre tun, werden wir vor dem Richterstuhl Christi belohnt werden. Und glaubt mir: Gott ist ein guter Buchhalter, er vergisst nichts! Nichts von all dem, was Ihr je für ihn tut oder gebt, wird unbelohnt bleiben. Es ist richtig spannend, darüber nachzudenken, welch große Belohnung manche Leute erhalten werden!

Gemeinschaft ist das Vorrecht, mit anderen Gläubigen zusammen sein zu dürfen. Ganz besonders deutlich zeigt sich das in Ländern, in denen christenfeindliche Tendenzen zunehmen. Die Medien lassen keine Gelegenheit aus, verbal auf das Christentum, Christus und die Christen einzuprügeln. Umso schöner ist es dann, wenn man mit anderen Christen zusammenkommen und von wirklich wichtigen Dingen reden kann.

Ganz besonders in Zeiten der Not und der Trauer ist es ein Vorrecht, Teil einer *liebevollen Familie* zu sein. Da liegt vielleicht eine Mutter im Krankenhaus, und die Familie wird täglich mit Essen versorgt. Keiner muss sich ums Kochen kümmern und auch die Kinder sind versorgt.

Und wie sieht es bei Nichtchristen aus? In meiner Militärzeit hatte ich einen Kameraden, für den ich fünfzig Jahre lang gebetet habe. Er starb, meines Wissens ohne den Herrn kennenzulernen. Seine Witwe war untröstlich. Hin und wieder rief sie mich an. Einmal fragte ich sie: »Hast du Freunde?« Sie sagte: »Wir haben keine Freunde. Wir haben immer nur gearbeitet, um Geld für eine Reise zu sparen.« Ich fragte: »Kümmern sich deine Nachbarn um dich?« Sie antwortete: »Nein, wir haben nie Kontakt mit unseren Nachbarn gepflegt.« Da saß sie nun also ganz allein in ihrem Haus und keiner kümmerte sich um sie. So, wie sie ihr ganzes Leben verbracht hatte, musste sie auch nun zurechtkommen. Welch ein Unterschied zu gleichgesinnten Christen, die in Zeiten der Not füreinander da sind.

In unserer Gemeinde hat sich eine schöne Begebenheit zugetragen. Ein junger Bruder musste sich einer Organtransplantation unterziehen. So eine durchaus nicht ungefährliche Operation kann emotional sehr belastend sein. Als seine Frau eine Schwester unserer Gemeinde besuchte, war sie mit den Nerven völlig fertig. Sie kam zur Tür herein, kurz davor, in Tränen auszubrechen. Da saßen zwei Damen und unterhielten sich. Als eine der beiden Damen sah, wie fertig sie war, ging sie auf sie zu, umarmte sie und sagte: »Ich gehöre zu einem Gebetskreis mit zweitausend Betern und wir werden deinen Mann auf unsere Gebetsliste setzen.« Das ist doch etwas! Was für ein unglaublicher Trost für diese Frau! Zweitausend Leute beten für Barry! In der Zwischenzeit ist Barry übrigens wieder zu Hause und hat sich bestens von seiner Operation erholt.

Dann ist da auch das Vorrecht einer *weltweiten Gemeinschaft*. Manche von Euch waren schon in den entlegensten Winkeln dieser Welt. Es gibt nur wenig Orte auf dieser Welt, wo keine echte Gemeinschaft mit Christen möglich wäre. Man ist nur für kurze Zeit zusammen und doch ist es, als würde man sich schon ewig kennen. Auf der ganzen Welt gibt es keine Organisation welcher Art auch immer, die sich mit der christlichen Gemeinschaft vergleichen ließe. Die Welt hat nichts zu bieten, was dem auch nur annähernd gleichkommen würde. Wenn ich nur an all die Orte denke, an denen ich schon gewesen bin, und an die Freundschaften, die ich unterwegs geschlossen habe und die mich mein ganzes Leben lang begleitet haben …

Pflichten in der Ortsgemeinde

Leider vergessen wir häufig, dass wir auch Pflichten in der Gemeinde haben. In Frankreich sagt man: *Noblesse oblige* – Adel verpflichtet. Ein hoher Stand oder eine edle Herkunft verpflichten zu ehrenhaftem, großzügigem und verantwortungsvollem Verhalten. Und, liebe Geschwister, wir sind von hoher Geburt! Mit dieser Stellung sind allerdings auch Pflichten verbunden.

Zum einen haben wir die Pflicht, unsere *geistliche Gabe auszuüben*, denn nur dadurch kann die Gemeinde wachsen, funktionieren und reifen. Damit haben wir uns bereits beschäftigt, als wir über Epheser 4 gesprochen haben. Der Leib des Herrn braucht Dich und Deinen Beitrag. Wenn Dein Arbeitgeber Dich nach Singapur versetzt, ist es gar keine Frage, dass Du nach Singapur gehst. Aber wenn Gott Dich auffordert, nach Madagaskar zu gehen, dann sieht die Sache wieder ganz anders aus. Dabei sollte es doch genau umgekehrt sein: Wir sollten bereit sein, für Gott Dinge zu tun, die wir für einen säkularen Arbeitgeber niemals tun würden.

Außerdem haben wir die Pflicht, uns zu befleißigen, »die *Einheit des Geistes* zu bewahren in dem Band des Friedens« (Eph 4,3). Hüten wir uns davor, die Ursache eines Streites zu sein; vielmehr sollen wir uns gegenseitig unsere Vergehen bekennen und lernen, mit einem zerbrochenen Geist vor dem Herrn zu leben, sonst schaden wir der Gemeinde.

Dann haben wir die Pflicht, die *Versammlungen regelmäßig zu besuchen.* Wenn Ihr Verbindlichkeit sucht, dann schlagt den Duden auf. Dort findet Ihr sie mit Sicherheit, ansonsten praktisch nirgendwo. Leider macht dieser Trend noch nicht einmal vor unseren christlichen Versammlungen halt; nur allzu oft fällt der treue, regelmäßige Besuch der Versammlung unserem hektischen Leben und unseren Freizeitaktivitäten zum Opfer.

Was für einen triftigen Grund könnte es denn geben, das Brotbrechen zu versäumen? Bedenkt: Unser König ist gegenwärtig, derjenige, der für uns auf Golgatha gestorben ist! Welchen guten Grund könnten wir haben, bei einer solchen Zusammenkunft zu fehlen? Tante Annas Geburtstag? Das alljährliche Familientreffen? Wenn wir tatsächlich glauben, dass unser Herr beim Brotbrechen anwesend ist, wird es uns schwerfallen, einen wirklich stichhaltigen Grund für unser Fernbleiben zu finden. Immerhin hat er selbst uns dazu aufgefordert: »… dies tut zu meinem Gedächtnis.« (1Kor 11,24). Er selbst ist gegenwärtig, wenn wir uns treffen.

Im Glauben erkennen wir das als Wahrheit an. Wir tun nicht so, als wäre es wahr, sondern wir kommen der Aufforderung unseres Herrn nach, weil es wahr ist. Einige von Euch mögen nun einwenden, dass der Herr überall ist. Ich weiß, dass er überall ist, aber wenn seine Leute sich versammeln, um ihn anzubeten, dann ist er in ganz besonderer Weise gegenwärtig.

Die ersten Christen waren diesbezüglich ganz außerordentlich verbindlich. In Apostelgeschichte 2,42 lesen wir, dass sie »beständig in der Lehre der Apostel und in der Gemeinschaft, im Brechen des Brotes und in den Gebeten« blieben. Hier steht nicht, dass sie in diesem allen nur »blieben«. Hier steht, dass sie in diesem allen »beständig blieben«. Als Paulus von Philippi nach Troas kam, wusste er, dass die Gläubigen am Tag des Herrn zum Brotbrechen zusammenkommen würden. Könnte er sich da bei uns heute ebenfalls so sicher sein? Mein Heiland vermisst mich, wenn ich nicht am Brotbrechen teilnehme, ebenso wie er auch Dich vermisst, wenn Du nicht dabei bist. Denkt daran, wie der Herr eines Tages in das Haus des Simon, eines Pharisäers, ging und dort relativ frostig empfangen wurde. Der Herr sagte zu ihm: »… du hast mir kein Wasser auf meine Füße gegeben … Du hast mir keinen Kuss gegeben … Du hast mein Haupt nicht mit Öl gesalbt …« (Lk 7,44-46). Habt Ihr schon einmal darüber nachgedacht, dass der Herr Euren Kuss vermissen könnte, wenn Ihr nicht am Brotbrechen teilnehmt? Davon bin ich fest überzeugt, auch wenn ich nur ein einfacher Gläubiger bin. Wenn unser Herr schon den Kuss eines nicht-wiedergeborenen Pharisäers vermisst, wie sehr muss er dann erst den Kuss von jemandem vermissen, den er durch sein teures Blut erkauft hat?

Der Besuch unserer Zusammenkünfte ist ein Indikator für unsere Liebe zu Jesus. Unser Herr hat gesagt: »Wer meine Gebote hat und sie hält, der ist es, der mich liebt« (Joh 14,21a). Und eines seiner Gebote lautet: »dies tut zu meinem Gedächtnis«. Daran zeigt sich, welche Prioritäten wir gesetzt haben.

Was ist spannender: ein Gebetstreffen oder die *Champions League*? Das hängt vom Standpunkt ab. Von einem natürlichen Standpunkt aus gesehen ist zweifellos die *Champions League* aufregender. Ganz anders sieht es jedoch aus, wenn man die Sache von einem geistlichen Standpunkt aus betrachtet. Wenn Ihr Euch zum Gebet trefft, habt Ihr Gemeinschaft mit dem Schöpfer des Universums – das entscheidet die Sache! Dagegen jubelt oder jammert Ihr in der *Champions League* über ein paar Tore, für die sich in hundert Jahren kein Mensch mehr interessiert. Es kommt also immer auf die Brille an, die wir tragen. Was ist wichtiger: ein paar anstehende Reparaturen am Haus zu erledigen oder an der Gebetsstunde teilzunehmen? Lasst uns unsere Prioritäten überdenken und in Ordnung bringen!

Wenn wir in den Urlaub fahren, gehen wir dann an einen Ort, an dem wir die Möglichkeit haben, uns zum Herrn und mit seiner Gemeinde zu versammeln? Wenn unser Arbeitgeber uns versetzen will, lassen wir uns in unserer Entscheidung davon beeinflussen, ob es am neuen Platz eine schriftgemäße Versammlung gibt? Lasst uns bei all diesen Überlegungen immer daran denken, dass es zu *unserem* Besten dient; der treue Besuch unserer Versammlungen bringt uns selbst viel mehr als Gott! Denn schließlich – relativ gesehen: Was hat der allmächtige und souveräne Schöpfer des Universums schon davon, wenn wir die Versammlung besuchen? Wir jedoch haben sehr viel davon! Im Gegenzug bringen wir uns um sehr viel, wenn wir in dieser Beziehung nachlässig sind.

Zu seinen Jüngern hat unser Herr gesagt: »*Ihr* aber seid es, die mit mir ausgeharrt haben in meinen Versuchungen; und *ich* bestimme euch, wie mein Vater mir bestimmt hat, ein Reich …« (Lk 22,28). Ihr seht, unser Herr weiß sehr wohl, ob wir ausharren, und er hat uns ein Reich bestimmt.

Die Versammlungen der Gemeinde haben einen heiligenden Einfluss auf unser Leben. So denken wir zum Beispiel bei jedem Brotbrechen daran, was unsere Sünden den Herrn gekostet haben. Dadurch wird unsere Abscheu vor der Sünde größer, ebenso wie auch unsere Sehnsucht wächst, ihn mit unserem Leben zu ehren.

Wenn wir zu einem Gebetstreffen gehen, lernen wir, wie wir beten können. Beten lernen wir dann am ehesten, wenn wir anderen Gläubigen beim Beten zuhören. Es kann vorkommen, dass wir während eines Gebets denken: »Das ist ein wunderbares Gebet, darauf wäre ich nie gekommen« und uns eine mentale Notiz machen, die uns dann bei unserem eigenen Beten inspiriert.

In der Gemeinschaft mit anderen lernen wir anzubeten, zu geben und ein gutes Verhältnis zu anderen aufzubauen.

Das Schlüsselwort hier lautet: »... lasst uns aufeinander achthaben, ... indem wir unser Zusammenkommen nicht versäumen, wie es bei einigen Sitte ist, sondern einander ermuntern, und das um so mehr, je mehr ihr den Tag näher kommen seht!« (Hebr 10,24-25).

Meine Freunde John und Mary Lou Phelan leben in Nashville in Tennessee. Während des Krieges lernte John einem Mann namens Harold Kessler kennen, der ihn zum Herrn führte und in der Jüngerschaft unterwies, unter anderem auch darin, was das Neue Testament über die Gemeinde sagt. Nach dem Krieg gingen John und Mary nach Nashville zurück. Die dortige Methodistengemeinde bot John eine sehr prestigeträchtige Stelle als Pastor in ihrer Gemeinde an. John lehnte sie jedoch ab, weil er den neutestamentlichen Prinzipien treu bleiben wollte, mit der Folge, dass er und seine Frau ein Jahr lang zu zweit in ihrem Wohnzimmer das Brot brachen. Das nenne ich Hingabe! Nach einem Jahr kamen einige Brüder von außerhalb und führten eine Zeltevangelisation durch, bei der Menschen zum Glauben kamen. Heute gibt es in Nashville eine große Versammlung und im Nachbarort eine kleine Tochtergemeinde. Im Sommer finden sogar Jugendfreizeiten statt. Und das alles, weil ein Ehepaar dem Herrn treu war. Weil sich zwei Menschen ein Jahr lang nur zu zweit versammelt hatten, um der Aufforderung des

Herrn Folge zu leisten und an ihn zu denken. Eine solche Hingabe ehrt Gott. »Denn die, die mich ehren, werde ich ehren« (1Sam 2,30).

Vor einiger Zeit besuchten Jim McCarthy und ich eine Konferenz in Minnesota, wo wir ein Ehepaar namens Jack und Charlotte Moster aus Chicago kennenlernten. Die Gemeinde, zu der sie seit Jahrzehnten gehören, hat sich im Laufe der Zeit sehr verändert. Irgendwann begann die Flucht in die Vororte, alle Leute zog es aus der Stadt hinaus. Das Viertel, in dem die Gemeinde liegt, erfuhr eine tiefgreifende Wandlung und wurde zum sozialen Brennpunkt. Nicht nur die Gegend, auch die Zusammensetzung der Gemeinde und die Gemeinde selbst veränderten sich grundlegend. Jack und Charlotte blieben der Gemeinde jedoch treu. Vor Kurzem gab es dort eine Straßenschlacht, rivalisierende Banden kämpften gegeneinander, und als Charlotte und eine andere Dame den Versammlungsraum verließen, wurde diese Frau durch eine verirrte Kugel ins Bein getroffen. Jack und Charlotte sind noch immer dort, treu in ihrem Dienst für Jesus. Eine solche Hingabe ist für Gott sehr, sehr kostbar.

Außerdem haben Gläubige die Pflicht, an der Gemeinschaft der Versammlung teilzuhaben, sich an ihren Ausgaben zu beteiligen und Missionare zu unterstützen. Der Dienst eines Missionars auf dem Missionsfeld wird zum Großteil von seiner Heimatgemeinde bestimmt. Ein Missionar ist immer ein Abbild seiner Heimatgemeinde.

Darüber hinaus liegt es in unserer Verantwortung, in der persönlichen Heiligung zu wachsen. Das ist von absoluter Wichtigkeit! Bevor wir am Brotbrechen teilnehmen, sollten wir uns prüfen und alle uns bekannten Sünden bekennen und ablegen. Wenn wir irgendwo an unserem Körper ein Geschwür haben, dann beeinflusst das unseren ganzen Körper. Ein solches Geschwür ist keine Privatsache, ebenso wenig wie es die Sünde ist! Sünde, über die nicht Buße getan wird, wirkt sich auf die ganze Gemeinde aus.

In einer mir bekannten Gemeinde lief es in der Jugendarbeit nicht gut. Keiner wusste, woran es lag, auch die Ältesten nicht. Schließlich kam heraus, dass der Verantwortliche für die Jugendarbeit eine unmoralische Beziehung zu einer Schwester in der Gemeinde hatte. Das war das Geschwür. Als dieses Geschwür entfernt war, ging es mit der Jugendarbeit steil aufwärts.

Wir sollten uns gegenseitig unterstützen, ermahnen und auferbauen. Wir sollen uns nicht gegenseitig kritisieren, sondern auferbauen! Wir sollten einander inbrünstig lieben. Und wir sollten füreinander beten.

Ein weiterer wichtiger Dienst ist die Gastfreundschaft. Mir wird immer mehr bewusst, welche Rolle die Gastfreundschaft in der Versammlung spielt. Lasst mich noch einmal auf jene Konferenz zurückkommen, die Jim und ich in Minnesota besucht haben. Am Ende eines Vortrages kam eine Dame auf uns zu und erzählte uns folgende Geschichte: Sie und ihr Mann gingen in eine Kirche, in der ihnen großes Unrecht geschah. Sie waren tief verletzt und nahmen sich fest vor, nicht zuzulassen, dass ihnen so etwas jemals wieder passieren würde; niemals wieder wollten sie so tief verletzt werden. Aus diesem Grund entschieden sie sich, sich von allen Menschen und auch von jener Kirchengemeinde fernzuhalten. Eines Tages jedoch beschlossen sie, eine bestimmte bibeltreue Gemeinde zu besuchen – ich kenne diese Gemeinde, sie ist völlig unscheinbar. Äußerlich gesehen wirkt sie absolut unattraktiv, doch der Herr ist dort, Gott ist in ihrer Mitte. Als sie hinkamen, begrüßte sie einer der Brüder und sagte: »Der Herr hat mir aufs Herz gelegt, heute dieses Buch mitzubringen und jemandem zu geben. Dieser Jemand müssen Sie sein, darum möchte ich es Ihnen geben.« Die Frau erzählte uns: »›Der Herr hat mir aufs Herz gelegt‹ – so etwas hatte ich noch nie gehört.« Dann sahen sie all die Frauen mit Kopfbedeckung. Auf dem Nachhauseweg fragten die Kinder: »Mama, warum tragen all diese Frauen ein Kopftuch?« Sie antwortete: »Macht euch keine Gedanken darüber, da gehen wir sowieso nie wieder hin.« So gingen sie nach Hause, fest entschlossen, niemanden an sich ranzulassen. Nie wieder würden sie sich mit so etwas einlassen.

Am nächsten Sonntag fragte ihr Mann, ob sie fertig sei. »Fertig für was?« – »Na, fertig, um loszugehen.« – »Wie, was, wohin denn?« – »Na, in die Gemeindeversammlung natürlich.« – »In die Gemeinde? Soll ich dann auch so ein Kopftuch tragen?« – »Ich glaube schon.« So gingen sie an jenem Sonntag wieder in diese Gemeinde und wurden anschließend zum Essen eingeladen. In den nächsten Monaten wurden sie insgesamt 22-mal zum Essen eingeladen.

Die Frau sagte: »Wir waren jahrelang zur Kirche gegangen. In all den Jahren waren wir nicht ein einziges Mal zum Essen eingeladen worden. Ich hatte zu den Kindern gesagt: Da gehen wir nie wieder hin – aber das Gegenteil war wahr: Wir gingen nie wieder weg.« Diese Geschichte zeigt uns, wie wichtig es ist, gastfrei zu sein.

Zu den Pflichten in einer Gemeinde gehört es natürlich auch, sich an der Arbeit in und an den Gemeinderäumen zu beteiligen wie z. B. Putzen, Renovierungsarbeiten, usw., ebenso wie auch die Unterordnung unter die Ältesten.

Abschließende Bemerkungen über die Gemeinde

Ich möchte nun gerne noch ein paar abschließende Bemerkungen über das Gemeindeleben machen. Versucht, andere Christen mit den Augen Jesu zu sehen. Das ist nicht leicht, aber das ist es, was Gott von uns möchte. Betrachtet andere Gläubige mit den Augen Jesu.

Meidet einen kritiksüchtigen Geist. Nichts schadet dem geistlichen Leben einer Gemeinde mehr als der Geist der Kritiksucht. Manche Christen scheinen der Ansicht zu sein, die Gabe des Kritisierens empfangen zu haben. Dieses Talent ist das eine Talent, das Ihr gern in der Erde vergraben dürft!

Lernt zu unterscheiden zwischen dem, was fundamental ist, und dem, was nebensächlich ist. Es gibt Dinge, die sind fundamental, sind grundlegende Wahrheiten des christlichen Glaubens. Hier können wir keine Kompromisse eingehen. Andere Dinge wiederum sind zwar wichtig, weil die Bibel sie lehrt, es gibt jedoch unter den Christen unterschiedliche Auffassungen darüber, wie sie zu verstehen sind. Zu solchen Themen sollte eine Gemeinde zwar eine Position haben, es bleibt jedoch jedem Gläubigen überlassen, eine andere Meinung dazu zu haben, vorausgesetzt, er versucht nicht, diese öffentlich oder privat durchzusetzen. Das wahrt den Frieden in einer Gemeinde. Und drittens gibt es Nebensächlichkeiten, also Dinge, die für Gott keine Rolle spielen. Gott ist es relativ gleichgültig, ob Du Vegetarier bist. Es ist auch nicht wichtig für ihn, ob wir beim Brotbrechen ungesäuertes Brot oder Brot mit Sauerteig verwenden und ob wir den Kelch mit Wein oder Traubensaft füllen. Dergleichen Dinge überlässt er den einzelnen Gemeinden. Jede Gemeinde kann das so handhaben, wie es für sie am besten ist.

Lasst mich noch einmal wiederholen, was ich bereits zu sagen versucht habe: Es ist wichtig, über diese Themen nachzudenken und eine eigene Position dazu zu finden. Glaubt niemals etwas einfach deshalb, weil es Eure Eltern geglaubt haben. Studiert Gottes Wort und leitet Eure Meinung aus Gottes Wort ab. Habt Ihr sie erst einmal gefunden, haltet fest daran. Ein alter Bruder, Alfred Mace, hat mir einmal den Rat gegeben: »Bill, wenn du durch das Studieren des Wortes Gottes zu einer Überzeugung gekommen bist, dann bleib dabei.« Daran habe ich mich gehalten.

Keiner von uns hat eine Gabe erhalten, die für Gottes Prinzipien zu groß wäre. Vielleicht gehören einige von Euch zu einer kleinen, unscheinbaren Gemeinde und meinen, ihre Gabe sei in einer solchen Gemeinde verschwendet, oder meinen, sie seien besser aufgehoben in einer Gemeinde, in der sie größeren Einfluss haben. Bleibt Gottes Prinzipien treu und lasst Euch von ihm führen.

Ist es nicht merkwürdig, dass wir ein göttliches Prinzip oft erst dann entdecken, wenn andere sich davon abwenden, und umgekehrt? Ich danke Gott für die wunderbare Wahrheit der neutestamentlichen Gemeinde. Eigenartig, dass es Gläubige gibt, die diese Prinzipien aufgeben und sie für Geringeres eintauschen. Gleichzeitig gibt es andere, die diese Prinzipien als wahr erkennen. In einem vorhergehenden Kapitel habe ich Euch einige dieser Kirchenmänner vorgestellt, die das als Prinzip des Neuen Testaments erkannt haben. Sie haben erkannt, dass die Gaben gegeben sind, um die Gläubigen zum Dienst zuzurüsten, und um den Leib Christi aufzuerbauen.

Und denkt daran, dass es nicht genügt, einer bestimmten Form zu folgen. Ja, wir brauchen die richtige Form, eine Form, die auf dem Wort Gottes gegründet ist, aber wir brauchen auch die geistliche Kraft, die diese Form mit Leben füllt.

Der Geist Gottes wirkt in unserer Zeit auf besondere Weise, vor allem, was Gemeindegründungen betrifft. Es kommt selten vor, dass Gott eine Sache reformiert, meist beginnt er etwas völlig Neues. Ich möchte daran teilhaben, wenn Gott Neues in Amerika beginnt. Die bekannten Prinzipien, jedoch auf neue Weise zur Schau gestellt. Er tut das überall in Amerika und ich hoffe sehr, dass er es auch hier bei Euch tut.

Freunde, es liegt in der Luft! Lasst uns daran teilhaben!

GEBET: Vater, wir danken dir für die Zeit, in der wir zusammen sein dürfen, die wir zu Jesu Füßen verbringen dürfen, und in der wir im Wort Gottes die zärtliche

Stimme unseres Hirten vernehmen. Du hast uns daran erinnert, wie kostbar die Gemeinde für dich ist und wir möchten, dass sie auch uns kostbar ist. Hilf uns, treuer zu werden. Hilf uns, uns dir noch viel mehr hinzugeben. Hilf uns, so zu werden, wie du dir das gedacht hast. Lass diese Wahrheiten in unserem Leben real werden, und durch uns auch im Leben von anderen. Darum bitten wir dich im kostbaren Namen unseres Erlösers. Amen.